丁丙书札中的十九世纪杭州

徐 颖◎著

图书在版编目（CIP）数据

尺素寸心：丁丙书札中的十九世纪杭州 / 徐颖著
. -- 杭州：浙江大学出版社，2022.6
ISBN 978-7-308-22559-5

Ⅰ. ①尺… Ⅱ. ①徐… Ⅲ. ①文化史－史料－杭州
Ⅳ. ①K295.51

中国版本图书馆CIP数据核字（2022）第069142号

尺素寸心：丁丙书札中的十九世纪杭州

徐颖 著

策划编辑 丁佳雯
责任编辑 李瑞雪
责任校对 吴心怡
封面设计 项梦怡
出版发行 浙江大学出版社
（杭州市天目山路148号 邮政编码 310007）
（网址：http：//www.zjupress.com）
排　　版 杭州林智广告有限公司
印　　刷 杭州宏雅印刷有限公司
开　　本 710mm×1000mm 1/16
印　　张 13.25
字　　数 182千
版 印 次 2022年6月第1版 2022年6月第1次印刷
书　　号 ISBN 978-7-308-22559-5
定　　价 68.00元

浙江大学出版社市场运营中心联系方式：0571-88925591；http：//zjdxcbs.tmall.com

序一

以丁丙为代表的杭州丁氏家族开创了实业、藏书、慈善三大世业，是晚清民国时期杰出的文化世家。丁丙是浙江现代工业的先驱、晚清中国最大的私人藏书家和出版家之一，更是中国历史上最典型的道德人物之一。近几年我们对丁丙和丁氏家族做了一些研究，并整理出版了600多万字的10卷本《杭州丁氏家族史料》。《杭州丁氏家族史料》收录的是丁氏人物自己的著述，不包括他们所编辑出版的书，卷帙已然浩繁。而且收录仍有遗漏，我们在收集原始资料时还发现丁丙许多完成的著作手稿已经遗佚。我在研究过程中常常惊叹，丁丙一生享耆寿68岁，何以有那么多精力或那么强的能力可做这么多事。丁丙是近代杭州最早的实业开拓者、中国现代工业的先驱，创办了当时浙江省最大的棉纺织厂杭州通益公纱厂、最大的机械缫丝厂杭州世经剿丝厂和杭州大纶丝厂等，开一代行商风气。丁氏八千卷楼与常熟铁琴铜剑楼、湖州皕宋楼、聊城海源阁并称清末四大私人藏书楼。太平天国战争中丁丙弟兄及时抢救并补抄文澜阁《四库全书》，见功卓著，受到清廷嘉奖。丁氏最为系统地出版杭州地方文献，如《武林掌故丛编》《武林往哲遗著》《西泠五布衣遗著》《西泠词萃》《当归草堂丛书》《当归草堂医学丛书》等大型丛书。其中《武林掌故丛编》26集187种200余册，乃杭州乡邦文献之百科全书，使杭州成为中国保存地方文献最完整的城市。丁丙还编著了《武林坊巷志》《杭郡诗三辑》《善本书室藏书志》等巨著。古代最后一部且最为系统的《杭州府志》也是在他的支持下完成的。丁丙更是中国乃至世界上最大、最有作为的慈善家之一，他主持的杭州善举联合体是中国历史上最大的慈善组织，事实上履行了市政府的大部分职能，几十年内全面承担着杭州的民生事务，并且对杭州绝大多数公共设施进行了修建完善。做成这些事，其奥秘除了有无上菩提心外，还须有过人的社会交往能力。

丁丙不仅受左宗棠委托主持杭州民政事务，他与各任浙江巡抚、杭州知府都保持较好关系，特别是善于集合各种社会贤达和社会资源。研究丁丙的成功，应当关注其事业背后的社会交往行为。过去我们仅从事实本身和诗文作品中寻找线索，徐颖的这本书提供了一个新视角。我在撰写《丁丙纪念馆陈列大纲》时，她查阅了丁丙致杭州绅士高望曾、嘉兴绅士钱蔚也和平湖绅士戈云庄的信札，为丁丙创办实业和为杭州府学购置元大德年编钟等事提供了信证。高望曾曾任福建将乐知县，是丁丙的至交，他们经常在一起吟诗冶游。丁丙在致其信中说，因社会不稳定，丝贵绸贱，办实业困难很大。钱蔚也、戈云庄都善韵律，丁丙办事很负责，购得元大德年编钟即请他们来考订音律。从中可以看到，丁丙办成的每件事都有十分细碎的交往细节。徐颖开了一个很好的头，我希望她继续开发更多的资源，能让我们更立体地看到鲜活的丁丙和他交往的绅士社会群像。就书信资料而言，至少浙江图书馆、南京图书馆还有大量留存。另外，博物馆、图书馆所藏大量书画作品也保存了类似信息。承蒙杭州博物馆支持，丁丙纪念馆复制了几件有关丁丙藏书和八千卷的书画长卷，用以展示。这些作品由丁丙的各界朋友所创作，他们构成丁丙的“朋友圈”，是非常珍贵的历史资料。诸如此类，都可以作为研究的拓展方向。

丁丙倾尽毕生精力和家财改善民生，成为堪与西方慈善大家相比乃至有所超越的一代大慈善家，其伟大人格和道德情志构成了今人都难以超越的历史丰碑。在没有人愿为的情况下，他担任“杭州善举联合体”总董 15 年，并在此后实际主持 10 多年，直至去世，共 30 多年。丁丙对现代文化和现代经济的先觉性开拓在中国具有领先意义，其广大之善举事业不仅在中国历史上绝无仅有，而且具有世界性的价值和地位，是当代价值观教育的优秀案例，参与构筑了杭州的唯一性品牌和“善城杭州”的历史基础。但这方面的学术研究以及相应的宣传都很不够，其社会价值没有得到应有发挥。丁丙纪念馆是在我的积极争取下创办起来的，而这只是我的一个小小心愿。我还有个未竟心愿，就是创办杭州世界慈善文化博物馆。它与丁丙有关，也与杭州乃至世界有关。我希望有更多的徐颖能一起在这个方向上共同努力。

浙江省历史学会副会长

周膺

2022 年 2 月 7 日

序二

杭州博物馆是展现杭州历史变迁和城市文物珍藏的人文类综合性文化机构。钱塘历来人文渊薮。杭博现有馆藏中，纸质类文物可谓大宗，不少来源于清末民国时期杭城收藏家的后人捐赠，其中高氏野侯后人、丁氏家族后人，都为杭州文化建设提供了重大帮助。近年来，本馆研究人员陆续从馆藏1500余页信札散页中整理出丁丙的信札52通，这些手札主要往来于浙杭文化圈，与19世纪中晚期的杭州密切相关。

钱塘丁氏家族所属八千卷楼藏书及其相关事迹在民国时期已成显学。此次对于馆藏丁丙信札的考释，以一手资料为切入点，对人物关系、历史事件、史料价值等方面进行研究，希望可以呼应现有史料，补充文献遗缺，发现新的史事。

因原有信札保存状况堪忧，在文献梳理的基础上，亦对信札进行了抢救性保护，以利于长期收藏及展览展示。此项目受到了浙江省文物保护科技项目的支持。本书即为项目成果之一，并拟为信札类文物的科技保护和修复方式提供范例。

2022年5月，杭博还将在此基础上，策划举办《丁丙与十九世纪的杭州》展览，以期对研究成果进行多维度转化与解读。

百余年前，丁氏竹舟、松生先生等人可谓晚清杭州士绅阶级之代表，他们博学多闻，振兴乡邦文化，主导社会变革，成为近代中国社会转型期文化前行的有力推动者。这座城市的品格和人文精神从未中断，延绵至今；杭博亦将肩负新时代的使命，以物教人，以史育人，以文化人，以情暖人，过往长新。

杭州博物馆馆长

王英翔

2022年1月26日

目录

导读　一

上编　丁丙信札研究

丁丙及其研究历史综述　一一

礼修乐明，多士燕蒸　二五

充栋缥缃，随身笔札　三七

一夫不获，时予之辜　四七

尺素鱼肠，寸心雁足　五三

下编　丁丙信札考释

一、丁丙致高茶盦信札　六九

二、丁丙致叔迟信札　八七

三、丁丙致琴西信札　九七

四、丁丙致慰农信札　一〇一

五、丁丙致蔚也、云庄信札　一〇五

六、丁丙致许增信札　一二七

七、丁丙致性之信札　一七三

八、无上款信札　一七七

参考文献　一九四

后记　一九九

导读

杭州博物馆收藏明清至近现代社会名人手札约1500余页，这些手札不少出自名家，年代跨度是从16世纪至20世纪中期，其中丁氏相关文物，自20世纪80年代已由杭州市文管会（杭州博物馆前身）入藏，为丁家后人捐赠。

一、主题与分类

稍加阅读便可发现，当时的收藏者是按主题有意识地拣选了部分丁丙信札。其中，有上款手札45通（涉及8人），无上款手札7通，共计52通。

写给茶龕（高望曾）的信札，多为探讨杭州文化圈中其人其事，有中举、闱场情况，文人结社，官场入职，友朋家中近况，时政小议，可谓反映当时的世情百态。

丁丙的第一部丛书《当归草堂丛书》为高伯平帮助刊刻。高翁为乾嘉学派有名的学者，其过世以后，丁丙写给叔迟（高行笃）的书信，一方面商讨有关高家丧事，另一方面商议高伯平过世后的书籍刊刻事宜。

琴西（孙衣言）久居高位，丁丙在信中的表达甚是恭敬，谈及高伯平过世，高行笃接手书籍校对的情形，恰为叔迟信札做了注解。与琴西商讨书籍互借事宜，还提供了存斋（陆心源）藏书的信息，为当时藏书家们互通有无的记载提供了佐证。

慰农（薛时雨）从官场隐退后，致力书院教学，丁丙在信中汇报了讲舍学生的书籍准备情况。

蔚也（钱炳奎）、云庄（戈为鹏），与丁丙共同参与了杭州府学青铜礼器的制作过程，其中的困难艰辛，操作细节，运作背景，无不在三人的信札中显露。

益斋（许增）精校图书，令丁丙自叹弗如。丁丙与其商讨的多为《冬心杂著》《杭郡诗辑》《意林（聚珍版）》《铁桥漫稿》《三国史》等书的校刊事宜。其中也有后收录至《武林坊巷志》的地名考证。

杭博收藏的丁丙相关文物，非信札一种。另有丁氏家族中人的书画、扇页，其中最有名的为陆光祺《书库抱残图卷》，杨晋藩《书库抱残图卷》，吴滔《书库抱残图卷》，张溥东、杨复《文澜归书图卷》，樊熙《文澜阁补书图卷》，沈锴《松存老人著书图卷》，樊熙《松存老人著书图卷》。这七件图卷，每件后均有多人跋文，少则4人，多则43人，具有很高的史料价值。

二、释读之“五认”

信札释读初期，笔者摸索了很长一段时间；后拜读了陈智超先生《哈佛燕京图书馆藏明代徽州方氏亲友手札七百通考释》，文中对于研究信札的方式方法做了系统性概述，其认为信札研究工作可以用“五认”（认字、认人、认时、认地、认事）来概括，深以为然。

（一）认字

此为手札考释最初的难点。因为释读者需要同时具有书法辨识、古代汉语阅读的能力，以及对信札涉及人物、历史背景的了解，才能基本正确地释读信札。在古文阅读中，往往差之一字，谬以千里。笔者在释读的过程中，结合背景考察，解决了一些辨识不清的问题。如在一批散页中，发现了“迈☐”上款的信札，仅从文字书写角度无法确认。后来在对许增此人的考证中，发现他一字益斋，又字迈孙，精于雠校；此信涉及内容为杭州乡邦文献刊印事宜，与人物关系相符，表述方式与二人地位相当，此后还发现同一上款所用笺纸常为同一系列，上款应为“迈孙”无疑。

（二）认人

因丁丙信札上款多为当时的杭州地方名人，而非名家大儒，且提及的多是字号，故给查找带来了极大的困难。而相同类型的考释文章《孙诒让致陈豪书札六通考释》（《文献》2014年11月第6期）、《晚清藏书家丁丙致袁昶手札》（《文献》2007年10月第4期）、《丁丙致陈豪手札释读》（《文献季刊》2012年4月第2期）给这批信札的考证带来了新的信息，从他们的注解中，笔者发现了一批之前未曾留意的诗稿文集。找来阅读，发现这些人物与丁氏有着千丝万缕的关系，如陈豪的《冬暄草堂师友笺存》，开篇即提供了二十几页的人物目录小传，包含了大量的信息。

光绪二十四年（1898）五月至次年春天，丁丙在病榻上编纂了《乐善录》，这是他生前最后一部著述。丁丙以自己的亲身经历详细记录了晚清杭州慈善组织的建置、资产、规约、捐输、度支、人物等情况，构成一部中国慈善史上极珍贵的经典文献。其中卷八为《表传》，将有善举之人分类胪列，有长官、绅董、司事等，并大多列有小传，这对我们考证信札中涉及的人物关系及相关事宜极有裨益。

即使通过各类资料将人名考出，也要核对是否和同时代同姓名者（或者字号相同者）混淆。尽量确定人员身份，了解其与丁丙的关系，回到信札中核对信息与口吻是否相符，这样才能确保“认人”无误。

（三）认时

这批信札大多只有日期，无干支年份，少有月份，只能在确认相关事件后，从而大致确定写作每封信的时间范围。

比如，丁丙在写给“叔迟五兄大人”的信中最后说道：“此问苫次无恙。”高均儒（1811—1869），卒年58岁。高行笃（？—1885），字叔迟，高均儒之子，据此推定，该手札应写于叔迟父亲高均儒过世之后，即同治八年（1869）夏季以后。

（四）认地

认地就是确定写信和收信地点。馆藏丁丙信札只有少数写明地点，但从内容可知，写信地基本都在杭州。写给蔚也（钱炳奎）、云庄（戈为鹏）的信札，因礼乐器制作地点之故，部分收信地是在吴中（苏州）。茶龕（高望曾）曾为福建将乐知县，故部分信札收信地为闽中（福建）。另有丁丙致叔迟（高行笃）的信札为同治十年（1871）发自松江（上海）。

（五）认事

从最基本的读懂字面意思，到了解人际关系、发掘历史内涵，这是“认事”的不同层次。

例如，从丁丙致蔚也信札字面可知，丁丙和钱炳奎、戈为鹏曾商讨制作府学礼乐器相关事宜。但仔细了解当时的人事关系、经费困难等背景，便能窥见他想复兴文化却又多受掣肘的急迫心情。

（六）“五认”中的相互印证

“五认”并非按以上表述的顺序按部就班，往往是相互印证，交互前行。

以丁丙致茶龕七通信札为例，提及的相关事情有以下几件：一为丁立诚中举（光绪元年〔1875〕九月），二为铁花吟社成立（光绪四年〔1878〕二月），三为杨粉园过世（光绪四年七月），四为丁丙请辞善董（光绪四年十二月至光绪五年〔1879〕五月），五为高龚甫主理崇文义塾，六为丁丙女儿学习绘画，送两扇给茶龕家女眷。上述可以明确时间的四个事件，直接让我们确定了丁丙致高茶龕信札二、信札三、信札四、信札五的写信时间。

信札二说到“扇纨及星垣件均悉，计本月尾可达闽”，而另一封信札写“女儿近习绘事，奉去两扇，一送令媛，一送令侄”，可判断此信应在信札二之前。

还有一信札罗列当时诸多事情，其中写道“粉师没一年矣”，则可判断，该信札的写作时间为光绪五年（1879）。

同一封信札所述内容往往提及二三事或者更多，信札间又互有联系，这可为先后排序提供时间轴线，或者可以为单一事件的考证提供判断依据。

三、文化交游圈

通过对信札所涉及的人和事的梳理，笔者将所涉及的人物分为“书籍收藏校刻圈”“复兴杭州府学圈”“杭州文化友人圈”三组，然而这三组人物不是独立的，他们也有相应的交集。

（一）书籍收藏校刻圈

丁丙作为晚清的四大藏书家之一，定会有人向其借阅图书，抄录善本。而在补抄四库阁本的过程中，丁氏也会受所藏之限，需要向他人求助。此外，大家还有互赠书籍，代为购买书籍等交往活动。

丁氏刊行书籍以丛书为主，大部分丛书又是地方丛书。地方丛书专门收集整理地方掌故、乡邦文献，若不是本地人、不对这方土地抱有热忱，很少有人有兴趣。不及时编辑整理，便极易散佚。编刊大部丛书，需要大量的底本、充足的资金，以及对这方面精通的校勘人才，故丁氏多次聘请专人帮助编刻。

信札中我们可以看到同为当时著名书籍收藏家的孙衣言（琴西）、陆心源（存斋）、魏锡曾（稼孙）等人相互借阅、馈赠书籍的细节，著名学者的高均儒（伯平）收集整理丛书的过程。高行笃（叔迟）、许增（益斋、迈孙）、罗榘（榘政）等人或为丁家世交，或为丁丙的朋友，或为丁氏西宾，但全都饱含了对精校、刊刻图书的热忱。

（二）杭州文化友人圈

太平天国战事之后，国事衰微、文化涂炭；但有薛时雨（慰农）、张铭斋（铭翁）、袁昶（爽秋）、杨振镐（春浦）、杨文杰（枌园）、高学治（宰平）等人，积极参与了杭城多家书院的创办、复兴或教学活动。他们多有为官经历，后退为书院主讲，成为杭州学界的中坚力量。这些书院的建立，为此后文澜阁书的补抄，乃至晚清民国的杭州人才储备，提供了坚实的基础。

信札中明确提及丁丙与吴兆麟（筠轩）、沈映钤（辅之）、应敏斋（宝时）、胡凤丹（月樵）、吴子修（庆坻）、盛元（恺庭）结铁花吟社。虽是文人的吟诗作赋，但也从中体现了他们忧国忧民的情怀。

（三）复兴杭州府学圈

左宗棠督军前往福建平乱，清廷命杨昌濬为浙江巡抚，负责处理浙江善后事宜。面对战后破败的杭州府学，丁丙一力承担了复建事宜。不仅在经济上为资金谋划，而且对府学礼器的监造全心全力。信札中提到与他一起实际参与此事的，还有钱炳奎（蔚也）、戈为鹏（云庄）、应敏斋（宝时）、李士基等人，他们考证铭文、式样，借鉴苏州经验，往来吴越之间，为杭州府学的复兴不遗余力。

四、史料价值

丁丙信札之价值主要体现在以下几个方面。

（一）印证史料

丁丙致孙衣言的信札中提及，陆存斋处有《习学记言》《戴浣川集》的信息，建议孙氏可向陆氏借阅。又因《薛浪语集》尚短一卷，向琴西借抄。

与孙延钊（孙衣言孙）记载的孙、陆、丁三家均有通假文书并相互传抄借阅的情况相符。

因铁花吟社未有社集存世，故其参与者、创设时间及文学创作等内容的研究均不明晰，只能从成员作品中寻觅痕迹。而丁丙在致高茶龕信札中，明确提及了第一批七个结社成员。与《铁花山馆诗稿》《松梦寮诗稿》的内容相吻合。

虽然丁丙是中国民族工业的先行者，在杭州创办了最早的纱厂和缫丝厂，使用了发电机。但在丁丙写给高茶龕的信中，我们体会到民族工业起步阶段的举步维艰，“湖州私枭闹事”，“临安棚民滋闹”，“各业生意冰淡，机户以丝贵绸贱而滞”，清末风雨飘摇的社会景况历历在目。

（二）补充史料

《武林坊巷志》记录宋至清末杭州城的坊巷、官府、宫室、寺观、坊市和名人第宅历史沿革和有关人文轶事，所辑录的文献资料达1600余种，是新中国成立前我国编撰体例最巨最全的一部都市坊巷志书。

因许增家住饮马井巷附近，丁丙致其信札中详细记载了此地名的考证的过程。巷中原住张“司马”，因多年多次声讹，传为“饮马”；此井为北宋沈文通知杭州时所开，此时苏轼才做杭州的通判，与张司马绝不相关。然现存《武林坊巷志》“饮马井巷”的条目中，只见对“司马”至“饮马”演变的考证，而未有“井”一说的由来。此内容可为现存文献的补足。

丁丙在一通无上款信札中，通过自己掌握的证据，考证了丁敬的生卒年，与钱椒在《补疑年录》中标注的生殁一致。近年有通过丁仁书跋考证丁敬为“七十七岁”一说。此通信札可为疑年之论提供线索。

（三）新材料的发现

太平天国战事之后，重振孔庙府学成为文化生活中的大事。丁丙全力承担了府学礼乐器的制作事宜。现有历史文献中，少有对于孔庙礼乐器制作过程的表述和制作地点的记录，丁丙致蔚也、云庄信札足以补缺。

五、本书架构

本书正文架构由上下两编组成。

上编为丁丙信札研究，分为五个章节。第一章为丁丙及其历史研究综述。第二至四章，是对从丁丙信札中提炼出的三个主题加以综合论述：同治年间杭州府学礼乐器的制作，丁丙刊刻书籍相关事宜，丁丙涉及的近代工业发展和丁氏慈善事业。第五章主要是从丁丙信札看晚清文人用笺情况。章节题目多从《宜堂类编》的丁丙挽诗中摘取。

下编为丁丙信札考释，按上款分为八个部分。同一上款的信札，已经考释出撰写时间的，按撰写先后排列在前；未经考出时间的信札，排列在后。每通信札配图和释文，除上编的专题论述外，若有针对单通信札的人物、事件考证，则置于释文之后表述。

上编　丁丙信札研究

丁丙及其研究历史综述

丁丙（1832—1899），字嘉鱼，号松生，晚自称松存，别署钱塘流民、八千卷楼主人、竹书堂主人、书库抱残生。浙江钱塘（今杭州）人。

一、丁丙其人

丁丙是抢救文澜的功臣，清末著名的藏书家、出版家，著述颇丰的学者；同时也是资助难民，修复杭州文教场所、文物古迹的社会慈善家。他一生所为，赢得了很高的声誉，直到民国时期，文化界还为他举办百年诞辰纪念活动，褒扬他一生的杰出成就。

（一）藏书世家

丁家藏书，非一蹴而就，而是世代积累。祖父丁国典，字掌六，以梅东楼为藏书地。因羡慕北宋先祖丁凯，曾藏书八千卷，于是请书法家梁山舟题“八千卷楼”匾额，作为书楼名。其父丁英，勤于读书，并继承了藏书传家的癖好。因丁英长期在外经商，可见四方古书，加之经商积累了一定财

富，故家藏渐多，八千卷楼进入了快速发展期。丁申、丁丙二人，均年少好学，淡泊仕途，遂形成了喜读书、精收藏、善考订的家风。经过二三十年的经营，增书八九万卷，且续有增益，但绝大部分藏书在太平天国军队占领杭州后被毁。

丁氏兄弟战后重建了八千卷楼藏书楼，并将其新增加的藏书楼命名为“后八千卷楼”“善本书室”“小八千卷楼”，总藏书室名“嘉惠堂”，藏书近20万卷，其中善本珍藏2000余种。在同治光绪年间，努力搜求，又聚书数万卷，孙峻在《八千卷楼藏书志》的序言中回忆道：“两丈以诸家所蓄，荡焉泯焉，谓斯文坠地，将何以征文考献乎？于是弃车服之荣，乐嫏嬛之业，恶衣恶食，朝访夕求。凡齐、楚、燕、赵、吴、越、秦、晋之间，闻有善本，辄邮筒往复，期必得而后已。内而秘殿所储，外而岛夷所蓄，力之所至，鲜不征求。历三十余年，几及万种。”[1]所以我们现在一般定义的八千卷楼的藏书为太平天国以后丁家的收藏。战争迁徙之时，丁家一方面对文澜阁《四库全书》全力搜求，另一方面也购得了一大批战乱中散失于民间的别家藏书。能在二三十年间，一举名列中国晚清四大藏书楼，有丁丙、丁申的竭尽全力，也有时势造就的因素。

（二）文澜搜救

咸丰十一年（1861），太平天国军队进攻杭州，丁家遭毁。丁氏兄弟在

1 陈登原．古今典籍聚散考 [M]. 上海：华东师范大学出版社，2010：281-282.

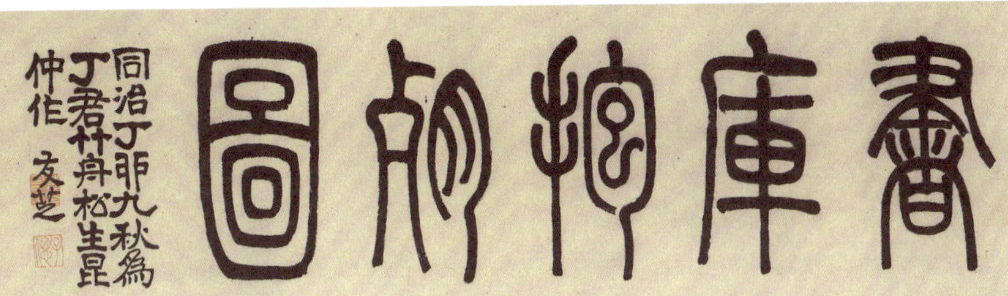

图1.1 [清]陆光祺《书库抱残图》局部

杭州西溪留下镇滞留期间，发现大量文澜阁阁书散出，随地拾得十大册，到此时他们才知道文澜阁的《四库全书》已四散飘零。于是不顾危险，返回城内，将拾得图书运出杭州，一路历尽艰辛，至上海保存。

在上海期间，又委托书商周汇西返杭，以集“惜字纸”为名，四处搜求四库阁书。搜来的书籍，有十分之一能装订成册，剩下的打包，每包两尺高，有八百包之多，运往上海。丁氏兄弟将之整理，连同杭州带来的书籍，共计8689本[1]，占文澜阁四库总数的四分之一。同治三年（1864）二月，兵乱刚结束，丁申、丁丙就将书籍全部运回杭州，因文澜阁被毁，暂时存放于杭州府学尊经阁内。（图1.1、图1.2、图1.3）

当时的浙江巡抚谭钟麟，因为阁书旧存尚在，有一定的基础，故将修复文澜阁提上了议事日程。此事刻不容缓，光绪六年（1880）九月文澜阁图样送谭钟麟审看。谭即命丁丙、应宝时为主事，同时命浙江布政使司拨款动工。从开建到光绪七年（1881）九月竣工，不足一年，丁丙就把书阁建得焕然一新，且将围墙、假山、御碑亭等附属建筑及存放书籍的书橱、夹板等都置备齐全，又在书阁东面新建了“太乙分青之室”。重建后的文澜阁，“花石亭榭之胜，过于旧观”，设施水准为全国前列，成为杭州的地标性建筑。光绪七年（1881）十月前，原暂存于杭州府学的库书和谭钟麟所购《古今图书集成》，通过船只从水路全部运抵孤山文澜阁贮藏。（图1.4）

1 顾志兴. 文澜阁《四库全书》的三次补抄 [J]. 世纪，2010（4）.

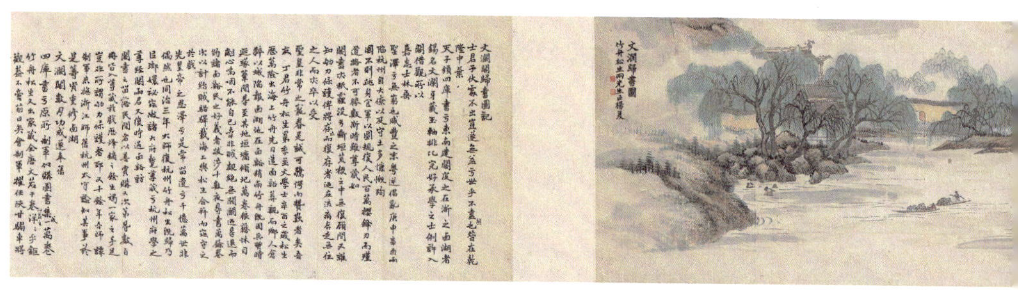

丁氏兄弟因在太平天国运动的战乱中搜求、保护文澜阁《四库全书》而获褒奖。丁申授四品顶戴，为一时之荣。丁丙淡于仕途，光绪皇帝就以“购求藏庋，渐复旧观，洵足嘉惠艺林”赞之。因为松生在抢救库书中有重大贡献，却“不求利禄，淡泊可风”，受到了浙江、杭州地方官员和学界人士的广泛尊敬，这也为其后续的补书借书，打下了良好的基础。

光绪八年（1882）开始，丁丙设局于东城讲舍，开始补抄。印刷和库本

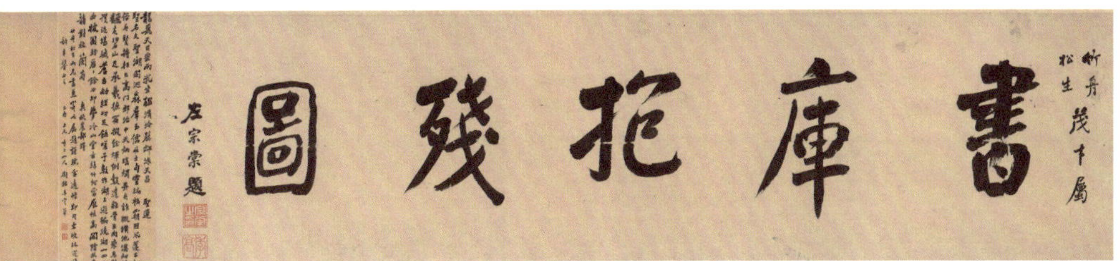

图1.2 ［清］杨晋藩《书库抱残图卷》局部

图1.3［清］吴滔《书库抱残图卷》局部

图1.4 ［清］张溥东、杨复《文澜归书图卷》局部

相同的纸张，发给众人携纸回家抄写，抄写者达百余人之多，底本由八千卷楼提供。随着工作的展开，丁家藏本虽富，但渐渐不能应付，遂向全国各大藏书楼借书。广州的孙氏二十三万卷堂、安徽宣城瞿硎石室、长沙卧雪庐、瑞安玉海楼、朱一新、金日修等10多家藏书楼，30余人向丁丙出借了图书，助力文澜阁复兴盛事。抄补工作于光绪十四年（1888）大体完成。原藏书完整收集到的有331种，残缺补全的有891种，重新抄录的有2174种，合订成

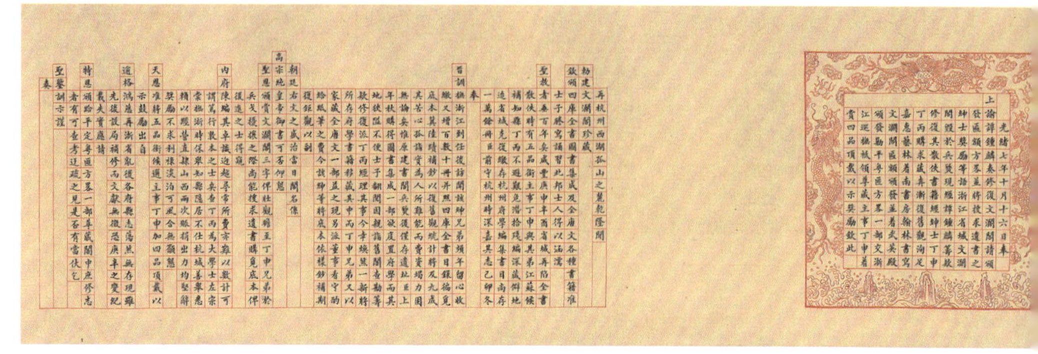

图1.5 ［清］樊熙《文澜补书图卷》局部

34769册。抄而未得之书，别刊书目，继续访求，随得随抄，这样又抄了38种。最后没有抄得的，仅剩90余种。

丁丙补书在先，民国初年，又经过钱念劬主持的乙卯补抄和张宗祥主持的癸亥补抄，终于将文澜阁本《四库全书》抄录完整。历经百年沧桑，阁书保留至今，这是中国藏书史上的一代佳话，也是浙江地区文心文脉传递延续的实例。

（三）书籍著刊

丁丙不仅是藏书家，也是清末著名的学者，著述丰硕，根据现有资料，丁丙一生编撰的图书有16种之多。（图1.6）《善本书室藏书志》四卷附一卷，俗称《丁志》，著录了八千卷楼所藏善本书的书志，从中既可以研究古籍，又有助于版本考订，对于研究丁氏藏书来说其意义不言而喻。《八千卷楼书目》又称《丁目》，是丁家藏书总目，由丁丙父子编撰，共20卷，反映了八千卷楼藏书的整体情况，是研究杭州丁丙藏书情况最基本的材料。《武林坊巷志》收街、坊、巷、弄都800余条，相关文献1600余种，俞樾称“博采群书，参稽志乘，无一事不登，无一文一诗不录。城郭、官府、官室、寺观、坊市曲折及士大夫第宅，无不备载”。另有《续录善本书室藏书志》、《武林金石录》、《武林藏书录》五卷、《松梦寮诗稿》、《北国诗帐》二卷、

《三塘渔唱》三卷、《于忠肃公祠墓录》十二卷、《北隅缀录》二卷续二卷、《乐善录》、《丁公祠基录》、《庚辛泣杭录》十六卷、《抄本丁氏济阳家集》、《风木庵图题咏》、《续东河棹歌》等。

在著书的同时，丁丙还刊刻了大量书籍。丁氏刊行书籍主要以地方丛书为主，这些丛书把分散各处的杭州史地文化资料辑录在一起，为人们研究杭州的历史文化提供了重要的材料。

丁氏在的同治二年（1863）刊行《童蒙训》《温氏母训》，为其大规模刊书的发端，在此后的37年里（至光绪二十六年〔1900〕），共刊刻了六部丛书。

《当归草堂丛书》，同治二年至五年（1863—1866），时值丁氏避难沪中，多收理学著作，共8种，16卷。《西泠五布衣遗著》，成书于同治七年至十一年（1868—1872），收吴颖芳、丁敬、金农、魏之琇、奚冈等清中期五位名宿之诗文集，后又有补刊。光绪四年（1878）开始刊行《当归草堂医学丛书》，多宋元明时期之医籍，录医书12种。《武林掌故丛编》的刊行，几乎贯穿丁氏刊刻书籍始末，辑自五代末至光绪年间有关杭州的制度名物、城郭宫室、山川道路、名公巨卿、骚人墨客、歌场酒肆等情况，收书187种，共

图1.6 [清]沈锴《松存老人著书图卷》局部

622卷。《西泠词萃》，成书于光绪十一年至十三年（1885—1887），是仇山村、周美成、姚绍尧、朱淑真、张天羽、凌彦翀等宋至明杭人词集的合刊。《武林往哲遗著》，成书于同治八年（1869）至光绪二十六年，正编50种，314卷，丁丙编辑；后编10种，238卷，丁丙选目，丁立中辑，收录杭州地区自唐代至明代先贤遗著。

丁丙着力于刊印未经公布的稿本、抄本及罕见书籍，使原本稀见之书得到流传，故其刊布的丛书对于学术研究有重要的意义。

（四）为善最乐

丁丙也是一位非常热心的社会活动家，太平天国战争结束后，他积极参与难民安置，战后杭州重建，及各项教育措施的建设。辗转流亡中，丁申、丁丙到松江、绍兴、定海等地，都会做一些力所能及的难民救助工作。由于太平军撤出杭州时，与清兵激战数月之久，双方军队伤亡惨重，城内百姓病困交加，满目疮痍，很多人暴尸街头。丁丙拿出私产，购买墓地，担当起了“掩埋局”的重任，以己之力平复战争的创伤。此外丁丙还成立了“难民局”，救助贫困人口；创办七家粥厂，为饥饿难民解决果腹问题；他与胡雪岩一起，建立“钱塘江义渡局”，免费摆渡两岸居民来回萧山、杭州；设立育婴堂，收养遗孤；设立“牛痘局”，免费为杭州百姓治病；他的“恤灾局”，帮助受灾人家渡过难关；他常年主持杭州义仓的管理，粮价平稳时买入，灾荒之年卖出，以平抑物价，使百姓能平稳度过灾年。据《先考松生府君年谱》记载，丁丙为市政修复做出的努力也极多。兵祸之后，能有这样一位热心公益的善人出现，不得不说是杭州之福。

二、丁丙研究历史综述

（一）丁氏家族传承的研究

丁丙过世不久，长子丁立中就将其悼念亡父的传状、哀诔、碑志、诗词等编成《宜堂类编》，其中即包括卷十八至卷二十一的《先考松生府君年谱》。因作者为谱主之子，故可信度较高，可以作为主要的研究参考材料。另外还有1932年俞樾发表于《浙江省立图书馆月刊》第一卷第7—8期的《丁君松生家传》，以及同刊发表的张慕骞的《丁松生先生大事年表》，此年表可谓是《丁谱》的节略本。

2004年卞孝萱在当年《文献》第2期发表的《丁氏八千卷楼兴废考——〈丁氏家谱〉资料的发掘利用》一文中，使用了《丁氏宗谱》等新材料，介绍了丁家世系，主要成员的生卒年，创办教育文化、兴办实业等情况，有较高的研究价值。周膺与吴晶因“丁氏自己的各种著述和家世资料虽然不少，但基本未被重视和重新整理出版，使得丁氏家族研究相当薄弱”，开始做系统收集和点校工作。作为先期成果，2013年在《浙江学刊》第5期发表了《丁丙及杭州丁氏家族家世考述》，对丁丙家世进行了梳理研究。三年后，《杭州丁氏家族史料》出版，共有十册，以丁丙、丁申、丁午、丁立中、丁立诚、丁仁、丁三在等为代表，对杭州丁氏家族的史料做全面整理，为这一晚清民国时期杰出文化世家的研究提供了强有力的材料支持。

（二）丁氏藏书的研究

清末，叶昌炽的《藏书纪事诗》，在中国藏书史上有披荆斩棘的意义。其中有丁丙专条，虽然字幅有限，但已将丁丙纳入藏书史的范畴考量，可以说是丁氏研究的起点。

民国时期，西风东进，近代科学体系逐步引入中国，藏书史、文献史成为当时研究的热点之一。随着这股浪潮，丁氏的研究翻开了新的篇章。因为国学图书馆和浙江图书馆有得天独厚的优势，所以对丁氏的研究以这两家机构为核心，学者大多有古典文献学的学术背景。特别是国学图书馆[1]，对资料进行了大量整理编辑摘录工作。其中最重要的成就是《馆藏善本书题跋辑

1　国学图书馆：1907年，端方设立了江南图书馆，缪荃孙任馆长。民国后几经更名，1929年定名为江苏省立国学图书馆，新中国成立后成为南京图书馆。

录》，该书从馆中所藏善本中摘录出众多名家手书题跋，其中有大量丁申、丁丙、丁立诚、丁立中等丁氏家族成员及刊刻图书的友人所作手书题跋，为研究丁氏的藏书提供了一手的资料，分期连载于国学图书馆第一至第四期《年刊》。

《图书馆学季刊》1926年第1卷第1期刊发了袁同礼撰写的《清代私家藏书概略》，以及洪有丰的《清代藏书家考》。当时浙江图书馆的《文澜学报》《浙江省立图书馆月刊》《浙江省立图书馆馆刊》有多篇研究丁氏藏书的文章。特别是1932年，丁丙诞辰百年之际，浙江图书馆为之刊出《丁松生先生百年纪念集》，刊登了一大批研究丁氏的论文，“于丁丙藏书及保存文献之功，阐述略备”[1]。

最近二十多年涌现了大量研究藏书史的著作，代表有：顾志兴的《浙江藏书家藏书楼》《浙江藏书史》，范凤书的《中国私家藏书史》，以及傅璇琮、谢灼华主编的《中国藏书通史》，金步瀛、杨立诚、俞运之的《中国藏书家考略》。这些研究，将丁家藏书纳于宏观的历史框架之下，作为晚清典型代表加以论述。

单篇的论文有：白桦的《杭州晚清藏书楼“八千卷楼”寻踪》，文图的《丁丙及其“八千卷楼”》，白君礼的《抢救瑰宝 嘉惠后学——记丁丙对图书文化事业的贡献》，徐忆农的《缪荃孙与江南图书馆》，徐吉军的《清代浙江私家藏书概论》，郑闯辉的《晚清四大藏书楼藏书源流及影响研究》，陈惠翔的《浙江藏书楼遗事摭闻》等。

（三）兴建文澜及丁氏补抄的研究

对于双丁复兴文澜的研究成果，民国时期张崟的《文澜阁四库全书史稿》与陈训慈的《丁氏兴复文澜阁书纪》两文对丁丙复兴文澜阁《四库全书》的记述均考证得相当详备，真实可信，可予以相互参考。

1 浙江图书馆．陈训慈百年诞辰纪念文集 [M]. 北京：北京图书馆出版社，2006：230

现代在此方面的研究多以乾隆年间文澜阁的建立为起点，以四库的聚散为脉络，介绍了咸丰兵祸后，丁氏兄弟冒生命危险抢救库书，保护图书由沪回杭，重建文澜阁的事迹。其中特别关注丁氏借用自己及著名藏书楼的家藏，组织杭州士人补抄四库全书，以及在“丁抄”影响下，又有“钱抄”和“张抄”的传承，使“江南三阁，文澜独存”这段事迹。

相关论文主要有顾志兴的《文澜阁和〈四库全书〉》和《文澜阁和〈四库全书〉的三次补抄》，童正伦的《文澜阁与藏书》，黄爱平的《〈四库全书〉与四库七阁的坎坷命运》，刘亮的《张宗祥和文澜阁〈四库全书〉》，吴育良的《文澜阁〈四库全书〉的补钞及价值》，李芳、刘瑛的《文澜阁四库全书整理研究综述》，梅丛笑的《文澜阁相关史实考证》，徐永明的《文澜阁〈四库全书〉搬迁述略》等。丁丙在世时，因重振文澜阁，受朝廷嘉奖，绘图记事多有题跋，洪丽亚在《东方博物》第十五辑的《文澜阁归书图卷资料述略》中有详细考证。

（四）丁氏编刻书籍的研究

陈训慈在《丁松生先生与浙江文献》中列有专门章节，对丁丙编刻书籍，着力保存与整理地方文献，给予中肯的评价[1]。顾志兴《浙江出版史研究——元明清部分》，从出版史的角度，论述了丁家刻书的情形；裘成发的《杭州刻书在出版史上的地位》、刘光裕的《明清是中国古代出版的鼎盛时期》中都对丁丙刻书情况有所涉及。2010年，石祥的专著《杭州丁氏八千卷楼书事新考》的下编，以丁氏编刻的六部丛书为研究对象，考述了刊刻的背景、时间、原因、刊刻交游圈、所用底本等问题；而后两项因以前少有人研究，也成为此书的亮点。

（五）丁氏兴办慈善的研究

丁丙编集的《乐善录》以及《善举盐捐案》《杭州善堂文稿》是记载杭

1　浙江图书馆．陈训慈百年诞辰纪念文集 [M]. 北京：北京图书馆出版社，2006：364.

州善会、善堂的历史及其活动的三个重要文献。《乐善录》是丁丙作为“杭州善举联合体”的中心人物所编纂的，内容详尽，资料丰富，极富价值。《善举盐捐案》（浙江图书馆藏）又题为《清代杭州善堂公牍抄本》，收集了自嘉庆九年（1804）至光绪五年（1879）十月之间，盐商行会捐助善举活动的有关公牍集。《杭州善堂文稿》（浙江图书馆藏）收集了光绪二十四年（1898）至光绪三十二年（1906）杭州普济堂、同善堂、育婴堂的相关文案。由于其对相关文案的记录始于光绪二十四年，在某种形式上可以说是《乐善录》的续编。[1]

清末杭州慈善经营模式，受到了多方学者的关注。黄鸿山在相关论文的积累后，著述了《中国近代慈善事业研究——以晚清江南为中心》，以晚清江南为中心，以传统慈善组织的近代发展和近代以来新型慈善组织的出现为基本线索，梳理中国近代慈善事业的发展历程；丁丙的《乐善录》为其主要援引材料。周膺的《杭商的文化学特征与杭州人文精神》中，关于《杭商与近代工业化》的相关章节中，亦有对丁丙慈举的介绍。

相关论文有，2005年浙江博物馆的翁福清在《杭州乡邦文化的功臣—丁丙》中，对丁丙在太平天国战乱结束回到杭州后，积极参与救助难民、重建杭州市政及各项文化教育设施等多方面贡献有相关论述。万方的《慈善之痛：国家权力下的清代民间慈善事业——记“杭州善举联合体”》，讲述了丁丙为杭州慈善做出的巨大贡献，并分析了“杭州善举联合体”在清末社会体系中必定衰亡的原因。吴晶和周膺连续发表了《晚清慈善组织在城市社会治理中的先导作用——丁丙〈乐善录〉与杭州善举联合体研究》《晚清绅士的现代性文化书写与城市善治取向——杭州丁氏家族的公共文化建构与城市治理研究》等文，论述了以丁丙为代表的杭州丁氏家族将慈善融入城市治理并获得成效的事迹，并指出该事迹对于当今公共文化构建和社会治理的借鉴意

1　夫马进．中国善会善堂史研究 [M]. 伍跃，杨文信，张学锋，译．北京：商务印书馆，2005：464-465.

义。另有文章以杭州慈善体系为切入点，从而引用或分析了丁丙的相关资料，在此不再赘述。

（六）丁丙信札的披露情况

在查阅中发现，已经公之于众的丁丙信札数量甚少。晚清文人陈豪写给友人的信札被辑录为《冬暄草堂师友笺存》[1]，该书为陈豪之子陈叔通先生汇集父亲所存信牍诗词而成。信札被影印出版，未经释读。直至2012年，西南大学文学院的赵天一先生将其中的丁丙致陈豪手札八通加以考释后刊出。[2]

国家图书馆藏《袁昶友朋书札》共12册，由袁昶本人整理装订，标序、题名、外观均十分整齐。袁昶官居高位，共收录政要和文化名人信札800通，涉及丁丙、薛福成、谭献等170余人。其中丁丙致袁昶信札12通，由国图张廷银先生释读出版。[3]此外丁丙信札少见公布。

（七）丁丙研究之国外现状

而国外对于丁氏的研究，以日本为重镇。长泽规矩也的《关于稿本〈八千卷楼藏书志〉》颇多建树，以《善本书室藏书志》底稿残本作为研究对象，与《善本书室藏书志》所述逐条比较，对于考察《丁志》的编撰过程，具有重要的参考价值。1990年，梅宪华、郭宝林翻译了他的另一本著作《中国版本目录学书籍解题》。

日本京都大学文学部教授夫马进著，伍跃、杨文信、张学锋翻译的《中国善会善堂史研究》，根据以《乐善录》为代表的清末杭州慈善史料，探讨了以丁丙为代表的杭州乡绅如何创造性地解决了慈善机构与行会、政府行政机构之间的问题。

西方对于中国书籍的研究，多为对纸质文物的科技保护，在此不做展开。但有中国学者至西方后，对海外收藏进行研究的成果，如刘蔷的《海外

1　沈云龙．近代中国史料丛刊：第29辑[M]. 台北：文海出版社，1968.

2　赵天一．丁丙致陈豪手札释读[J]. 文献，2012（02）：107-115.

3　张廷银．晚清藏书家丁丙致袁昶手札[J]. 文献，2007（04）：133-144.

佚存——哈佛燕京图书馆藏〈八千卷楼藏书志〉》。

（八）研究状况综述

上文以丁丙五方面的主要成就为框架，以民国时期和新中国成立后两个时间段为纵线，对丁氏的国内外相关研究进行了回顾。可以说，从清末至今对丁氏的研究已经有了相当程度的积累。

现有研究多关注丁氏藏书的特点，双丁对于文澜阁《四库全书》的抢救和补抄，《善本书室藏书志》的体例和成就。但对丁丙和同时代学者、藏书家交游中涉及的官场人事、书籍刊刻、教育复兴等内容涉猎相对较少。

丁丙信札的释读，不仅体现了丁氏作为杭州文化圈核心人物的交游情况，同时也丰富了19世纪中后期的杭州乃至江南文人群体形象。

礼修乐明，多士燕燕

清代祭孔释奠体系成熟完善，所留文献和实物较前代多样，现在学界已有不少对其研究的成果。杨荫浏先生于1958 年撰写《孔庙丁祭音乐的初步研究》一文，可以说是新中国成立后对祭孔礼乐研究之发端，经20世纪80年代，开启了清代祭孔研究的新思路，至今已呈现了多维度的视角和丰富的研究方式。视角一，以音乐作为切入点，通过对中国古代乐器、古代乐谱、舞蹈动作的解读，分析其含义及价值；近年又开辟了人类学、音乐学、考古学等跨学科进行探讨的方法，别开生面。视角二，作者通过当地文庙遗存、历史资料来讨论清代当地释奠礼乐的历史面貌和文化影响。视角三，将清代各地留存的孔庙礼乐器作为专门的研究对象，对其类别、功能进行阐述，明确了礼乐器的实际使用状况及文化内涵。

同治年间，杭州府学遗留礼乐器数量较少，现在仅有浙江省博物馆和杭州孔庙有少量留存，缺乏对其整体面貌进行讨论的基础。本文试图以新发现的杭州府学礼乐器实际参与者——丁丙及钱炳奎、戈为鹏等人在孔庙礼乐器制作过程中的往来信札为切入点，一窥其制作地点、过程、人事关系，在志书之外，补遗历史细节，发掘在太平天国兵乱之后，“同治中兴”的大背景下，江南地区士绅文化的精神内涵。

一、战乱与机遇

咸丰十年（1860）及十一年（1861）太平军曾两次攻入杭州，杭州的众多文物古迹遭到毁坏。十年二月十九日，太平军首次攻打杭州，针对武林、钱塘、涌金、清波诸城门发动攻势，扎营万松岭、南屏山、凤凰诸山一带。二十日，丁丙和丁申身先士卒，集合了千余名箔业工人，助守于各个城口，一共坚持了六昼夜。然太平天国军队从万松岭一带，于高处俯瞰城垣，连日炮攻，终于在二月二十七日太平军攻入杭州城。箔业工人与其在丰乐桥、众安桥发生巷战，最终杭州陷落，丁丙和丁申避居松江。

仅仅六天之后，即三月初三，清兵即从江南大营抽调约总兵数量的五分之二，15000余人驰援杭州。太平军此次围攻杭州，本就是为了解天京围城之压力，看到已经达成“围魏救赵”之目的，遂主动撤兵。有此一役，原皇城附近百姓死伤甚众，现南山路一带文物古迹大量毁损。

咸丰十一年（1861）九月中旬太平军故技重施，再次攻打杭州。此次从城西三墩入城，攻打卖鱼桥的清营。十月初一已占据湖心亭，作为水上进攻点，十一月二十八日从凤山门、候潮门等诸城门攻入杭州城内，十二月初一日攻入内城（旗营）。自此直至同治三年（1864）二月二十四日，太平军前后据杭州城两年三个月。

太平天国独尊上帝，斥佛、道诸神为妖，所到之处，寺庙、道观多遭破坏，同时对于维护封建统治的孔孟之道，洪秀全进行了尖锐的批判，指出“凡一切孔孟诸子家妖书邪说者尽行焚除”[1]。于是传播儒家学说、祭祀孔子

1　张秀民，王会庵．太平天国资料目录 [M]. 上海：上海人民出版社，1957：313.

的各级官学、孔庙均遭到了毁坏。在江苏等核心统治区域，孔庙几乎无一留存。杭州被攻占后，也不例外，孔庙破坏殆尽，只留下了大成殿。

到同治年间，随着清军逐步收回中国南方地区，清政府开始重建孔庙，整顿人心。据杭州孔庙保存的光绪二十二年（1896）制《新修杭州府学碑记》记载："同治三年，省垣克复，巡抚左文襄公、方伯蒋果敏公投戈讲艺，首崇学校，顾当其时大难初夷，百废特举。庀材则拙于帑藏，鸠工则艰于民力。未美备也。"[1]直至同治九年（1870），巡抚杨昌濬才重启礼乐器制作，次年进行了丁祭。朝廷在出资恢复各级官学的同时，也鼓励号召民间士绅捐资出力。丁丙、钱炳奎、葛为鹏等有文化底蕴，热爱乡邦的士绅，便在历史大潮中站到了前列。

二、积累与决心

在丁丙所著的《武林坊巷志》中，收录了各代官方文献中关于杭州孔庙的记载，其中与礼乐器相关的也有颇多描述。

《咸淳志》载：南宋嘉定九年（1216）教授袁肃、黄灏以孔庙过于狭小，"告于府，上之朝，拓而大之"。孔庙通过这次整修，建有大成殿、养源堂、御书阁，先贤祠堂和斋會，礼乐器具也配置齐备。元大德九年（1305）中央命江浙行省制造京师宣圣庙（孔庙）乐器，于是先在杭筑造杭州孔庙乐器；第二年再由杭州教授刘惟肖监造，所造乐器经杭州南宋旧乐工施得仲审校后运往京师。

元至正十五年（1355）刻《杭州路重建庙学碑》中载，至正十二年（1352）学府毁于兵火，十三年（1353），郡守帖睦烈思将学府重新修复，面积大为增加，颇为壮观；同时《杭州路重建庙学记》记有"尊、罍、爵、洗、簠、簋、俎、豆之属，二千百有九，镛球琴瑟、柷敔鼗鼓之属若干，皆

1　杜正贤．杭州孔庙 [J]．杭州：西泠印社出版社，2009：313．

如礼以定其数”。

明弘治十三年（1500）新修庙学，礼器“悉范金而为之”，“制大成乐合于古之律吕”。清顺治十三年（1656）巡抚秦世祯捐出自己的官俸，置备杭州孔庙礼乐诸器。《瀛舟笔谈》辑阮元《修杭州孔子庙碑》，清嘉庆七年（1802）巡抚阮元“始事营造”杭州孔庙，工程“凡用银八千五百两有奇”，“其制礼乐器各事银一千一百二十两，则元所筹捐也”，后“元复延歙县孝廉方正程瑶田案礼图铸镈钟，琢石磬，造诸礼乐器；延曲阜礼乐教习王文哲等教授佾生，分歌部、吹部、击部、琴瑟部、左右舞部，仲秋上丁举行典礼，礼成而乐和，庶几吴越间如邹鲁也”。

丁丙在《武林坊巷志》“丰上坊一”中的“杭州府学宫”条目中，细收了宋代以降，关于杭州孔庙的志书记载、历代兴废、重修，礼乐器制作、馆阁、教授、宋石经、先贤、诗赋等事宜。关于杭州府学及礼乐如此丰富的资料，并非一蹴而就，而是多年有意识地搜罗，积累了大量材料。

除文献准备外，丁丙复兴杭州府学孔庙礼乐的发端，约始于同治六年（1867）。该年“先生至吴中购备杭礼乐器，访得元大德年编钟，延钱炳奎在家考订音律，取悬亭中，声应太簇，名亭为元声亭，从弟丁午作记”。[1]在当年的十二月，“得杭州府学仲吕编钟（府君先于省城克复时得铜簠一、铜豆一，文铸‘杭州府学奉宪补铸祭器，康熙拾壹年仲春吉旦立’）。继又得明崇祯壬午、国朝顺治十三年铜豆各一，不载年份铜爵一，并皆杭州府学礼器。与《四库》残书并藏尊经阁。及是得编钟，文镌‘文庙编钟，仲吕仩。雍正壬子春月制’。又得三钟一磬，钟为黄钟伬、大吕伬、倍南吕仩，磬为应钟仩，皆为嘉庆壬戌浙江巡抚阮元考定。亦并藏于尊经阁”[2]。因在一段时间内，丁丙收藏到了十余件前世遗物，故决心开始复兴杭州府学礼乐。

1　浙江图书馆．陈训慈百年诞辰纪念文集 [M]. 北京：北京图书馆出版社，2006：399.

2　丁立中．先考松生府君年谱 [M]// 周膺，吴晶．杭州丁氏家族史料：第 2 卷．北京：当代中国出版社，2016：275.

三、时间与排序

同治礼乐器制作从九年（1870）六月开始推进，完成于十年（1871）七月，八月始襄祭文庙，立丁祭局。丁丙与蔚也、云庄通信的时间段也在此之间，时间跨度更短，为同治九年九月至同年冬至，共计十通。

十通信札中有四通已有明确的时间，信札一（九月十四日）、信札二（九月十七日）、信札三（十月十三日）、信札十（冬至）；另有六通只有日期而无月份，笔者综合以下要素的推进过程，给这十封信的时间先后进行了排序（详见下编《丁丙致蔚也、云庄信札》），这些要素包含以下方面。

（一）人员轨迹

蔚也、云鹏启程去苏州（信札一至信札三），到达苏州（信札四至信札七），离开苏州（信札八至信札十）。

（二）制作过程

先行泥坯、花板制作、审核，再行字样、纹样书写、审定，此后敦促木作至吴打样、审定，最后寄至杭州呈样、请款等。

（三）辅证事件

一为蔚也母亲生病至过世。二为蔚也欲交中丞（杨昌濬）。

四、人物与友圈

杭州孔庙曾收购了英国回流之簠2件（图2.1），簋3件（图2.2），均有铭文。其中簋的铭文为"同治九年仲秋，浙江巡抚杨昌濬布政使觉罗兴奎为杭州府学制簋凡一百十有一，督造杭州府知府陈鲁，督造教授来凤郊，训导谢右壬，考工候补知县李世基，举人钱炳奎，监生戈为鹏，生员丁丙"（图2.3）。浙江省博物馆也收藏了同为同治九年（1870）制造的杭州府学遗物尊、罍、簋[1]等器，铭文除器物名称、数量不一外，其余内容基本相同（图2.4）。

1　梅丛笑，梁晓艳，黎毓馨．越地范金 [M]. 杭州：浙江古籍出版社，2009：114-116.

图2.1　清同治九年（1870）铜簠（杭州市文物遗产与历史建筑保护中心藏）

图2.2　清同治九年（1870）铜簋（杭州市文物遗产与历史建筑保护中心藏）

图2.3 清同治九年（1870）铜簋铭文（杭州市文物遗产与历史建筑保护中心藏）

图2.4 清同治九年（1870）牛铺首铜缶（浙江省博物馆藏）

信中“蔚也”与丁丙商讨的均为杭州府学礼乐器相关事宜；青铜铭文中之钱炳奎，字蔚也，参与礼乐器制作。故可得信中“蔚也”与铭文中钱炳奎即为同一人。

钱炳奎（1841—1877），字肇祥，号蔚也，浙江平湖人。同治六年（1867）举人。少好读宋人性理书，后游于顾广誉（1799—1866）之门。通三礼，尤精乐律，邑文庙乐器多其襄定。曾与庠生时元勋、监生戈为鹏讲明文庙丁祭礼乐，圜桥观听，一时称盛。后入龙门书院，师从刘熙载（1813—1881），病卒于书院。[1]

“敏翁”为应宝时（1821—1890），字敏斋，浙江永康人，道光二十四年（1844）举人。时为江苏布政使、按察使。[2]

李肇翁公祖，即为同治九年慈溪县知县李世基。[3]

林一枝，字桂山，仁和人。叙功议六品衔，以教职归部选用，授萧山训

1 顾廷龙.清代朱卷集成：第256册[M].台北：成文出版社，1992：305.

2 杭州府志[M]//中国地方志集成：浙江府县志辑.上海：上海书店，1993：415.

3 杭州府志[M]//中国地方志集成：浙江府县志辑.上海：上海书店，1993：415.

导。年六十二殁于任所。著有《清波梦谈录》两卷、《凤翻小志》两卷、《东里生吟草》四卷、《文庙乐器宫商谱》一卷。[1]

云庄，即戈为鹏。《袁昶日记》[2]在同治七年戊辰（1868）六月写道："问钱蔚也律吕之义，言其乡人戈云庄为鹏、时协廷元勋办精是学。又襄上海文庙新设编钟十六、编磬十六，不谐。"

中丞，即杨昌濬（1825—1897），字石泉，号镜涵，别号壶天老人，清湖南湘阴人，与左宗棠为布衣交。咸丰十年（1860），左宗棠帮办两江军务的时候招揽杨昌濬复出，任知县加同知、衢州知府、浙江储运道、浙江布政使、浙江巡抚等职，坐事去官。后又起任，继左宗业任陕甘总督。光绪二十四年（1897），在湖南省城长沙病逝，诰赠其为太子太傅。著有《平浙纪略》《平定关陇纪略》[3]。工诗词书画，博学多才。

魏舍亲，即魏子佳舍亲。《先考松生府君年谱》称魏子佳为太姻丈，又记载说，丁丙之曾祖丁轼先娶魏氏为妻，魏子佳也许即丁丙曾祖母的家人。[4]

中国美术馆藏《吴仲英先生像》，此图绘一长者据石高坐，笑容可掬，石上置一书以示其身份。据诗塘长跋，"像主吴恒，字仲英，乃朱景彝之外舅，曾任府同知等职，任中'历办大差，干声卓著'，且善书画诗词"。吴仲英在历史文献中的介绍简略，而朱景彝之长跋则提供了吴仲英的详细资料，并有确切的生卒年月日："生道光丙戌九月二十二日（1826年10月22日），卒光绪乙未十一月十九日（1896年1月3日）。"[5]

舍侄指丁立诚（1850—1911），字修甫，丁丙兄长丁申之子。光绪元年（1875）举人。曾与丁申、丁丙等一起访购文澜阁四库遗书。著有《小槐容吟稿》。

1 丁丙．乐善录 [M]// 周膺，吴晶．杭州丁氏家族史料：第 3 卷．北京：当代中国出版社，2016：221.
2 袁昶日记：上 [M]. 南京：凤凰出版社，2018：8.
3 王秉钧．历代咏陇诗选 [M]. 兰州：甘肃人民出版社，1981：256.
4 张廷银．晚清藏书家丁丙致袁昶手札 [J]. 文献，2007（04）：133-144.
5 刘曦林．编后拾遗之任伯年 [J]. 中国美术馆，2006（4）：112-115.

另有黄梅翁、王锡翁待考。

五、事件与细节

从丁丙致蔚也信札中我们可以看到的细节有：

（一）杭州府学同治礼乐器的制作地点

在先前的史料中未见此批青铜礼乐器的制作地点与铺名。信中云“故赶托桂翁来苏接洽一切”，“义古铜器及石磬刻字画龙如有成就，可先交桂翁携回”，并在多封信中提及义古斋制作详情，可以很明确地得出：同治九年（1870）的杭州府学制作礼乐器即为苏州的义古斋。

（二）府学礼乐器制作的过程

先由义古斋制作泥坯、雕刻花样，再由杭州派员审度。字样、纹样均需先确定尺寸；其中镈钟、编钟、爵、勺、编钟的字样由杭州写好后寄苏州使用；由于时间紧迫，登的“花样板如吴学可假更妙”，“款字拟亦能在吴中书更直捷耳”；铸成后磨刮，加染古色，由邮局寄至杭州进行呈样、请款。桂山带木工、漆工，赴苏州为钟磬、鼓架及琴几、瑟架等制样。石磬可在吴刻字、画龙，做好后回杭刻画亦可。组制成后需回杭贴锡。

（三）杭州府学复建过程中对苏州府学的参照

同治杭州府学复建中，舞棚学习了苏州府学的样式，“舞棚之样务须领看，前闻苏州府学之棚较吴学为胜”。

两庑拟做格窗，龛上加竹帘，因苏州帘价低于杭州，即在苏州定制，并写上“杭州府学东西庑”，以防偷窃。

（四）礼乐器制作过程的内外交困

在《杭州府志》学校篇中，杨昌濬对于丁丙大加赞赏，但在信札中我们可知，在这礼乐器制作的十一个月中，丁丙实际困难重重。

人事方面，其一，同治九年（1870），李世基被委任慈溪知县，但不知何人接替此事，要抓紧时间，否则到时候换了人，请款就没那么方便，处处掣肘。其二，十月，戈为鹏即要返回，“势难强留”。其三，蔚也母亲十一月已“敬知萱堂贵体违和”，身体每况愈下，至冬至“举殡大讣”，各项工作要进行安排和交接。其四，工匠无多，故在信中叮嘱蔚也“务乞精细之中略事通融。非弟草率，缘工匠无多，若一苛察，转多棘手”，则难以实施完成。

身体状况方面，丁丙自己身体欠佳，“疡肝畏事，吴中又无切实可托之人”。此病症状有：“肝虚则耳无所闻，体重者，肃杀而甚，无生动之气，烦冤者，肝气逆而不舒也。”[1]身体抱恙，吴中又无可以信赖、办事妥帖并精通业务之人，无奈之情真实显露。

几乎从每一页信札，都能感受到各方面的阻力，礼乐器的制作时间紧迫，任务繁重。

六、事后之余音

丁丙在同治十年（1871）仲秋丁祭后，忧虑诸生积久生倦，便将同善堂之养和堂设为平时演习礼乐的场所，选址在城中，便于大家往来，并且渐渐有了一定的规模。杭城初复后，不少士人流落他乡，无以为生，“方伯蒋公就同善堂课士，每卷给洋四圆。有兼人之力做两三卷者，不禁前列者，另奖有差”[2]。

此外，将知名之士招至杭州，城厢内外开办私塾，未及一年，杭州向学者日渐增多。故丁祭的开展，礼乐器的使用，对参加丁祭排练人员的资助，城内外学院的开办，其实对文人而言，实乃修补战后疮痍的归心之举。

剑桥大学汉学家慕阿德在1901年对文庙的殿、庑、祠、厅等各处加以临摹和绘制，重现了百年前的杭州文庙内部建构。他在《中国乐器综录》一文中对44种丁祭乐器进行了详尽的说明，并绘制了杭州府学文庙方位图和

1　黄帝素问 [M]// 陈梦雷，等 . 古今图书集成医部全录：第 6 册 . 北京：人民卫生出版社，1962：366.
2　丁丙 . 乐善录 [M]// 周膺，吴晶 . 杭州丁氏家族史料：第 3 卷 . 北京：当代中国出版社，2016：234.

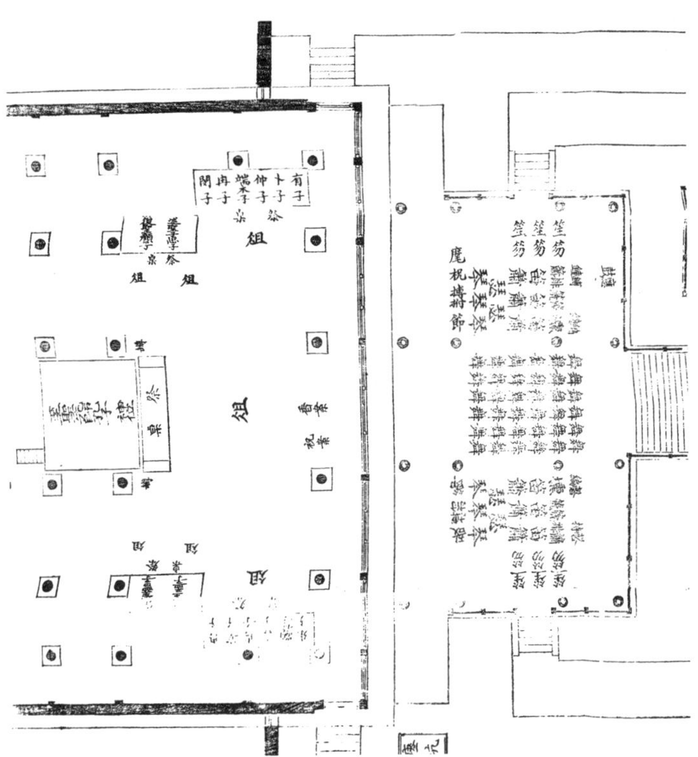

图2.5　1901年慕阿德测绘的杭州文庙方位图及礼乐图

礼乐图（图2.5），该图现收藏于英国伯明翰大学吉百利研究图书馆（卷宗号CMS/ACC357 F3）。他在写作中受到了丁立诚的帮助，档案中至今还留有他的名帖。[1]

参看《教育周报（杭州）》1914年第32期（图2.6），我们可知，当时杭州孔庙仍然保留有“同治辛未”乐器，并欲对其检查修补；故早于其13年的1901年慕阿德记录的礼乐器的数量、种类和摆放图纸，对于研究同治年间杭州府学礼乐器有极大的参考价值。

太平天国运动后，重振孔庙府学成为杭州文化生活中的大事。丁丙全力承担了府学礼乐器的制作事宜。此前《杭州府志》学校卷中杨昌濬对于制作

1　丁光，陈雪军．汉学家慕阿德保存的杭州文庙图及其研究[J]．浙江档案，2017（11）：44–46.

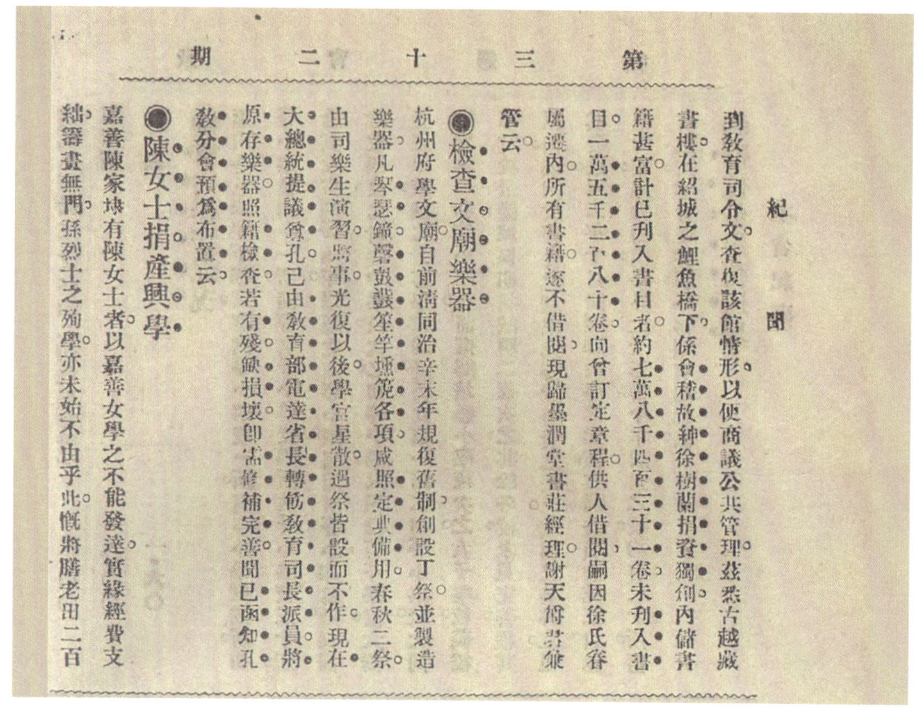

第三十二期

紀聞

到教育司令文。查復該館情形。以便商議公共管理。玆悉古越藏書樓在紹城之鯉魚橋下。係會稽故紳徐樹蘭捐資獨創。內儲書籍甚富。計已列入書目者約七萬八千四百三十一卷。未列入書目。一萬五千二百八十卷。向曾訂定章程。供人借閱，嗣因徐氏眷屬遷內。所有書籍。逐不借閱。現歸墨潤堂書莊經理。謝天爵君兼管云。

◉檢查文廟樂器

杭州府學文廟自前清同治辛未年規復舊制。創設丁祭。並製造樂器。凡琴瑟鏞磬鼓鼗笙竽壎篪各項。咸照定典備用。春秋二祭。由司樂生演習。嗣事。光復以後。學官星散。遇祭皆設而不作。現在大總統提議尊孔。已由教育部電達省長轉飭教育司長派員將原存樂器照籍檢查。若有殘缺損壞。即需修補完善。聞已函知孔教分會預為布置云。

◉陳女士捐產興學

嘉善陳家埭有陳女士者。以嘉善女學之不能發達。實緣經費支絀。籌畫無門。孫烈士之殉學。亦未始不由乎此。慨將腊老田二百

图2.6 《教育周报（杭州）》1914年第32期中对“检查文庙乐器”的记录

的背景、参与人物及礼乐器的样式和数量，有官方记载。《先考松生府君年谱》中也对制作的起止时间有记录。丁丙致钱蔚也、戈为鹏信札中，首次明确了礼乐器的制作地点，披露了制作礼乐器的细节，并揭示了当时错综人事背景下的重重困境。

丁丙等士绅参与同治礼乐器的制作和使用，不仅是为了遵《大清会典》，恢复丁祭礼乐，更表现了在19世纪内忧外患背景下中国士绅阶层对文化复兴的呐喊，对后世有其深远的影响。

充栋缥缃，随身笔札

钱塘丁氏以藏书而闻名。丁丙祖父丁国典、父亲丁英收藏甚富，到丁丙时，“节衣缩食，朝蓄夕求，远自京师，近逾吴越，外及海国，或购或抄，随得随校，积二十年，聚八万卷”[1]。其藏书楼八千卷楼与常熟瞿氏铁琴铜剑楼、湖州陆氏皕宋楼、聊城杨氏海源阁并称清末四大私人藏书楼。

晚清时期，藏书家多以宋元刊本为重，八千卷楼却不唯珍稀，而特重各种源脉关系，尤多《四库全书》底本、名人精写稿本、日本和朝鲜刊本等。柳诒徵在《国立中央大学国学图书馆小史》中指出：“清光绪中，海内数收藏之富称瞿、杨、丁、陆四大家。然丁氏于文化史上之价值，实远过瞿、杨、陆。以其奋起诸生，搜罗古籍，影响于江浙两省，非徒矜私家之富有也。”[2]

作为藏书家，丁丙在版本学、目录学等领域成就卓著。“丁氏是中国最早形成公共图书意识的藏书家，也是中国地方文献整理刊印最具成就者。”[3]

1 胡凤丹．嘉惠堂藏书目序 [M]// 丁丙．善本书室藏书志．钱塘丁氏刊本 .1901（清光绪二十七年）．

2 李希泌，张椒华．中国古代藏书与近代图书馆史料：春秋至五四前后 [M]. 北京：中华书局，1982：306.

3 周膺，吴晶．丁丙及杭州丁氏家族家世考述 [J]. 浙江学刊，2013（5）：80–91.

一、丁丙与官书局

清同治六年（1867），浙江巡抚马新贻委托丁丙筹建浙江官书局。浙江官书局是一个编刊与发行书籍的机构，与金陵、湖北、湖南、广东等书局合称“五局”。后来改为浙江官书印售所，宣统元年（1909）并入浙江图书馆。其所刊多以八千卷楼所藏为底本，选任谭献、黄以周、张大昌、张预、王诒寿等经史、词章学家为校勘，所刊书籍，校勘精当，极少错讹。丁丙在致孙衣言的信中（图8.1 丁丙致琴西信札）谈道：“此间书局，七经已成其六，《通鉴辑览》闻明年仍拟刊行。《金陵三史》既已雕竣，未审续镂何书。粤版全史果能购出，即万金亦属便宜。承示，目前所亟，尤宜萃刻秘籍。卓论实足维系书城。丙处宋元人遗集亦近二百种，惟棉力何能任重，深有待于振兴斯文者也。”开局之后，首刊《钦定七经》《御纂通鉴辑览》《御选古文渊鉴》等书，昭示圭臬。丁丙在信中所言“七经”、《通鉴辑览》即是指此事。

丁丙不只关注于浙江官书局的发展，也热心于其他官书局的刊刻事业。在回叔迟的信中（图7.4 丁丙致叔迟信札四）提道：“前复一函，亮察照。函内所陈《韵会举要》无所藏，后复查，有之，然仍是明刻，恐无足当精求之意。奉初二示拜悉。”《古今韵会举要》为元代熊忠著，是一部音韵学著作，以宋代黄公绍《古今韵会》为基础，删繁举要，补收缺遗，于大德元年（1297）成书。《四库全书总目提要》谓其注文“援引浩博，足资考证，一字一句必举所本”。高行笃（？—1885），字叔迟，高均儒之子，同治年间，高行笃曾参与淮南书局的刊书事宜。清光绪九年（1883），淮南书局刊行《古今韵会举要》。[1]从此通信札可知，高行笃曾向丁丙借用明刻本《韵会举要》，或为淮南书局版《古今韵会举要》的主要底本之一。

1　江澄波．吴门贩书丛谈：上 [M]．北京：北京联合出版公司，2019：122.

图3.1 ［清］樊熙《松存老人著书图卷》局部

二、丁氏书籍刊刻

丁丙致力于刊刻杭州乡邦文献，所刊书甚多，堪称清末浙江刊书巨擘，为清代以来浙江出版事业做出了巨大贡献。俞樾《丁君松生家传》载：“乃择士林所罕见者，刻以传播，取其有涉杭郡掌故者都为一编，曰《武林掌故丛编》，凡一百余种。”[1]顾浩《外舅丁松生先生行状》称：“先生性好典籍，虽盛暑严寒，手不释卷。尝谓人之于书，不可一日无。故校刊前贤著述，以惠后学，积至数千卷，若《武林掌故丛编》《武林先哲遗著》《当归草堂丛书》《医学丛书》《西泠五布衣遗著》《于忠肃集》，其大者也。”陈训慈评其：“丁氏虽稀有整理故史之作，而其搜访之勤，梓镌之富，所以存吾浙之文献，俾后人不兴剥落无征之叹者。”[2]（图3.1）

除丛书外，顾志兴将丁丙所刊之书另分数类：地方志书、乡邦文献、武林先贤专著、乡邦历代诗文、乡邦先贤传记、乡邦藏书掌故等。

在丁丙的信件中，亦多论编书、刊书之事，撷其要者，主要有五种。

1　俞樾．丁君松生家传 [J]. 浙江省立图书馆月刊，1932（7/8）：87−90.

2　陈训慈．丁松生先生与浙江文献 [J]. 浙江省立图书馆月刊，1932（7/8）：1−37.

（一）关于《武林坊巷志》的纂修

《武林坊巷志》亦作《杭城坊巷志》，为清末丁丙原著，孙峻补辑的都市志，记载自南宋至清末杭州城市的坊巷、官府、宫室、寺观、坊市和名人第宅及有关文献。丁丙在自序中言："若街、若坊、若巷、若弄，都八百余条，稽之图志，证之史传，下至稗官小说，古今文集，靡不罗载。"[1]所蒐集的文献达1600余种，"是我国最大的一部都市志"[2]。丁丙于编纂此书极为慎重，再三考订，不肯轻易定稿。光绪二十五年（1899），自知不起，遂将书稿交托友人孙峻，要孙峻详加审核补订，最后定稿付梓。

《武林坊巷志》的纂修，前后经历了二十年左右的时间，其间广为征集可见的乡邦文献，"生本不贤，甘于识小，道听途说，虽弃不恤，日积月累，草册渐盈"[3]。在丁丙致许益斋的信中（图11.6 丁丙致许增信札六），可见其点滴积累："尊居为饮马井巷，巷中有井，井楣居然锲字，意必近古。遍查图经，无此巷名。且饮马于池于湖则可，于井理亦未协。蓄疑累年，前日仍检万历《钱唐志》，近三桥址有名张司马巷，巷中必居有张姓为司马者，故名。因忆饮马井巷旧亦称义马井巷，忽悟司音通希，由希转义，由义转饮，义马实司马之讹声。或司马君开此义井，后人截去张字，加称井字，因讹传讹欤？尊屋左右有南井，为北宋沈文通知杭州时所开。其时苏文忠方通判杭州。后苏移守杭，复开南井，有状载集中，名沈公井，然与饮马井绝不相涉。"

这段带有探讨性的考证，后经提炼，录于《武林坊巷志》的稿本（图3.2、图3.3），内容为：饮马井巷，南出三桥址，东北通花牌楼。《成化府志》《万历府志》《万历钱塘志》《康熙钱塘志》《康熙府志》张司马巷。按：饮马，亦呼作义马，盖司近希，希音又转义，义又改作饮，信乎妃、豨之足以致讹

1 丁丙.武林坊巷志：第1册[M].杭州：浙江古籍出版社，2018：3.

2 丁丙.武林坊巷志：第1册[M].杭州：浙江古籍出版社，2018：出版说明.

3 陈训慈.丁松生先生与浙江文献[J].浙江省立图书馆月刊，1932（7/8）：1–37.

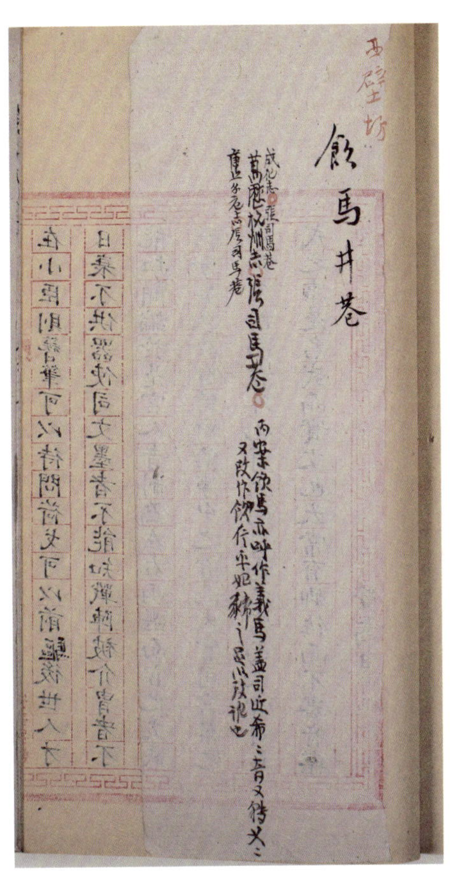

图3.2 《武林坊巷志》饮马井巷条目（浙江图书馆藏《武林坊巷志》丁丙稿本第三册）

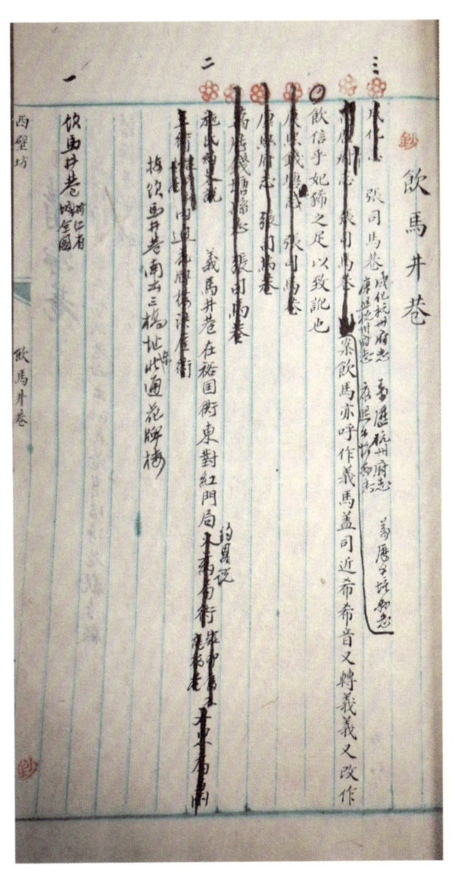

图3.3 《杭城坊巷志》饮马井巷条目（浙江图书馆藏《杭城坊巷志》孙峻辑本第三册）

也。《约略说》义马井巷，在裕国弄东，对红门局。

可以看出，稿本所述相当简略，主要从“饮马井”与“义马井”的读音与转义出发，考证“饮马井巷”名称之由来，而其考据之过程，则略而未谈。在正文之外，另贴“饮马井巷”一条，以补缀巷名之由来。从内容而言，以信件中最详，可补史料之阙。在编纂的过程中，“饮马井巷”条目几经修改，并以不同笔迹标注，“蝇头蚕足，朱墨纽互”[1]，可见考证之详实。

1 张崟．记武林坊巷志稿 [J]. 史地杂志，1937（1）：64-67.

由信札可知，丁丙通过万历《钱塘志》的考证，以及实地踏勘走访，有理有据；而略述部分是否为点校者精编，不得而知。现唯有在丁丙信札中一窥丁氏溯源之原貌。

（二）关于《国朝杭郡诗辑》系列的编纂

《杭郡诗辑》由清代吴颢辑，其孙吴振棫补辑，是一部清代杭州地方诗总集。杭州经太平天国战火，文献零落，丁氏兄弟以抢救文献为己任，故继《国朝杭郡诗辑》《国朝杭郡诗续辑》而编订《国朝杭郡诗三辑》。吴庆坻在序言中叙述了《国朝杭郡诗辑》系列的成书经过："往者先高祖学博君尝辑《杭郡诗》，上自国初，下逮嘉庆，刊成于庚申之岁，越三十年，先大父更为《杭郡诗续辑》，益网罗旧闻，人系以传，载其行事及他所著录，刊成于道光甲午之岁，距今甲子将一周矣，而同里丁丈竹舟、松生两先生复有《杭郡诗三辑》之选，两先生劬学嗜古，中更兵燹，奋然以抱遗订坠为志，既取诗辑、续辑，覆刊之，乃博采道光以来之诗，而前百余年为旧所未采者，并补录焉，庚辛之难，抗节者众，别为四卷，以阐潜德，八旗驻防，历二百年，人文炳然，甄采所作，以彰国家教养培育之厚，人系以传，一如前例，左采而右获，晨钞而暝写，盖二十年而始成，于戏，勤矣。"丁申之子丁立诚在撰写先父行述时，亦将编纂《国朝杭郡诗三辑》作为其值得称颂的文化功绩之一。全书共收录杭州诗人4785人，始于顺治，终于光绪初年。对于参加科举考试者，每科多立专卷，以时代先后为序。

根据丁立中《先考松生府君年谱》可知，丁丙曾在同治十三年（1874）四月重刊《国朝杭郡诗辑》，光绪二年（1876）闰五月又重刻《国朝杭郡诗续辑》。"极有可能是丁氏为编纂三辑参考借鉴、查漏补缺的过程中，忧心前辈文献缺失散佚，方才复加刊刻的。"[1]丁丙致茶庵的信（图6.5 丁丙致高茶龛信札五）中特别提及诗辑的刊行："《杭郡诗》初、二辑已刊成，弟所续三

1　周敏.《国朝杭郡诗辑》系列成书考[J]. 浙江学刊，2012（1）：69-75.

辑，人却有三千家，今秋编次粗定。惟细看小诗，颇不惬心，尚拟托人改削。旧时髫友，半入其中。如兄者，又不能就近商量，如何如何？”在另一通佚名上款的信（图13.2 无上款信札二）中谈道：“《杭郡诗辑》有六十万字，较五布衣多七倍，不上一年了工，虽系翻雕不写样，一以精胜（此不能不恭惟矣）。”可见丁丙对重刊《国朝杭郡诗辑》《国朝杭郡诗续辑》相当重视。

丁申之子丁立诚在撰写先父行述时，对《国朝杭郡诗辑》略作回溯，可见此书在杭郡士人心中的地位：“府君以掌故之书，单零孤本，易于散，非汇成巨帙，难以传久，爰检沪上所获数十种，次第校刊，颜曰《武林掌故丛编》。更因杭州文献，首推吴退盦学博所编之《国朝杭郡诗辑》及其孙仲云制府之《续辑》，乡贤先达，嘉言懿行，咸萃于斯……府君与叔父既补刊初、续两编，复广录遗诗，仍其凡例以诗存人，以人存诗，竭十载之心力，甄录四千余家，编成《三辑》百卷。嗣后续纂《杭州府志》、潘学使《两浙輶轩续录》，皆取资于是焉。”[1]丁丙对此书亦相当满意，故其在给许增的信中将《国朝杭郡诗辑续辑》作为礼物（图11.1 丁丙致许增信札一），“特借奉上《杭郡诗》，续辑在手刷印，成后奉报，不敢云得句先呈佛也”。

（三）关于《金冬心先生集》刊行

《金冬心先生集》为《西泠五布衣遗著》之一种，是金农遗著的重要刊本，陈传席认为：“这个刻本很好，几乎没有错误。”[2]

根据丁立中《先考松生府君年谱》知，《金冬心先生集》刊于同治七年（1869）。丁丙在一通信中，对序言及刊印表示满意（图13.2 无上款信札二）：“《冬心杂著》刻手果然好，至袁叙既佳，何必再比前人之优绌。弟之刻遗诗，不过借叙以表意，非沾沾论文体也。即如五君次第及叙跋，原应兄大笔一手照办，后见泥的不了，又见留此妙墨，恭惟府尊，想断不能再有余力作

1 丁立诚．先考竹舟府君行述．上海图书馆藏清抄本．

2 陈传席．陈传席文集：3[M]．北京：中国青年出版社，2017：332．

此，故不得已托袁一做，袁则一挥而就，就后弟亦不细看，但素知其笔墨尚佳，故即行付刊耳。”从信中可知丁丙最初并没有打算请袁昶作序，请袁作序，实属不得已。出版后，丁丙仍试图进一步完善，又出补遗。其在一通信中（图13.3 无上款信札三）提道：“冬心诗只叨光梅子一首，拟刻入补遗也，余不足道。”

实际上，丁丙刊刻金农著作，多委托魏锡曾。魏锡曾（？—1882），浙江仁和人，曾任福建盐吏。魏氏自幼专攻金石篆刻之学，常与赵之谦、谭献等人切磋钻研。魏丁两家相交甚厚，为秦晋之好。从魏氏为丁氏代购书籍，互赠书籍，发展至补辑遗文，代为校刊。光绪四年（1878）的《冬心先生杂著》《冬心先生随笔》，光绪六年（1880）的《临江集拾遗》《砚林集拾遗》《砚林印款》《冬心先生集拾遗》，光绪九年（1883）的《冬心先生续集》，实为魏氏为丁丙所辑。

（四）关于《意林》的刊印

《意林》为唐代马总编纂，属《四库全书》子部，本于庾仲容的《子钞》，共摘录晋以前的诸子书111家，故历代整理、校刊晋以前子书者，无不征引《意林》。丁丙在致益斋的通信中言：“一明板《意林》（二册）、聚珍板《意林》（二册）、《铁桥漫稿》一册（即《意林》跋语）掷完。尊抄宋本《意林》，假录，至要！至要！”并不止一次提及《意林》的刊补，在致许益斋的另一通信（图11.5 丁丙致许增信札五）中说道：“《意林》闽本是否即翻武英殿聚珍本，前有御题三绝句者？幸示悉。严铁桥所著一段由雪兄抄奉。雪樵见柏树畏之如虎，殊可奇也，故弟虑其复入而复发也。荄甫所藏汪校宋本《意林》，必得原本借来，方妙，方妙。”

在一通佚名信札（图13.3 无上款信札三）中也可见相关表述：“《意林》以《道藏》本付梓，固较他本为善，然既有宋本可借，总以借到一看方放心大胆也。刻书大不易，一刻就错，况在好发议论之地乎？”可以看出丁丙对底本的精益求精。“前奉去《意林》两部，又《铁桥漫稿》一册，如赵君业已校毕，祈索回掷完，恐此君即须计借，或有遗失耳。”（图11.6 丁丙致许增信札六）即便是校勘过程，丁丙亦亲自过问。

（五）关于《蒋庙志》的辑录

蒋庙是旧时杭州奉祀蒋七郎的庙宇。蒋七郎名崇仁，因排行第七而名。他力耕致富，喜赈施，每秋成，粜谷预储，贵则贱粜如原价，凡来告籴者，仍许籴者自量，故人称“蒋自量”。岁歉，或捐以予饥者，深受杭城市民的称赞。去世后，里人建祠挂像以纪念他。“其弟，承兄志，行之六七十年，规以为常，里人德之。死后也入家庙。”南宋咸淳三年（1267），京尹请朝廷赐额“广福”。咸淳四年（1268），京尹潜说友再次奏请朝廷赐以封号，“崇仁为孚顺侯、崇义为孚惠侯、崇信为孚佑侯”[1]。蒋庙原在盐桥之上，历代屡建屡毁，一直延续到民国。最后一次重建是光绪三年（1877），费钱六千贯，并请朝廷加封为：广济孚顺、利济孚惠、灵应孚祐。

光绪年间在重建前后，丁丙特辑录《蒋庙志》，并在信（图12.1 丁丙致性之信札）中谈到辑录之事：“应请几谏《蒋庙志》照寄样，缺页无几，但其前须编一目录，才能清楚，后跋亦不可少，请尊翁一拟，板成，速寄，以便刷分。惟内有元胡长儒、明徐一夔、国朝冯景三篇，名忽列于题下，与通体之式不合，拟各接书于文尾，‘元’‘明’两字去之。又：胡长儒一篇内，胡先生曰拟改，却十分整齐，特此附闻。”

或许是考虑到性之对此书不甚了解，还特别介绍了《蒋庙志》的内容与刊刻缘由：“《蒋庙志跋》大略言：申托居神里过瞻庙碣。梁侍讲云：旧有侯行实一册，载咸淳封牒，明人碑记。心窃仪之，无自索阅也。咸丰辛酉，杭城再陷，焚杀之惨，为数百年载籍所未见。同治甲子克复，庐黔垣赭，巷无居人。独侯庙岿然，如鲁殿灵光。于是，里人稍一归聚。一日，魏子佳表丈

1 林正秋.杭州历史文化研究[M].杭州：杭州出版社，1999：366.

手一编，将录副视之，即侯行实册也。询知，某日庙祝，夜梦字笼中，火光灼爚，将赤其殿，惊觉，诘旦检视，乃得是册。洵侯之威灵示现也欤？因谨录出，复增录旧志数则、胡徐诸先生记文，冠以《钦定大清会典》，授之梓人，以广为传云云。”

丁丙致友人信札中有对多部书籍刊刻的讨论，反映的是他对待刊书的严谨态度。他在所刊书籍的选择上，视野广阔，不拘泥，多孤本小种，对杭州地方历史文献的收藏与保护做出了极大贡献。陈训慈在《丁松生先生与浙江文献》中评价道：“惟先生之所以不朽，犹自有所在。吾人考之遗闻，核其成就，则先生最有造于邦国者，厥为地方文献之保存与整理。”[1]

1 陈训慈．丁松生先生与浙江文献[M]// 王校良，苏尔启．陈训慈百年诞辰纪念文集．北京：北京图书馆出版社，2006：371.

一夫不获，时予之辜

太平天国运动以后，杭州虽恢复了行政建置，但机构不全、人员缺少、财政亏空，市政设施又毁之十九，政府的行政能力微乎其微，限于军事和征收税赋。以丁丙为代表的杭州士绅，重组杭州慈善机构，形成了日本学者夫马进所谓的“杭州善举联合体”[1]，履行了当时大部分的城市社会治理职能，在相当程度上代替政府完成了太平天国运动后杭州的社会重建。

一、慈善组织的运营

杭州善举联合体以普济堂、同善堂、育婴堂为主体，被称为三善堂。普济堂是士绅倡议建立的，嘉庆十七年（1812）始具规模。后分化出其他机构，也将其他慈善机构整合其内。普济堂设怡安堂（养老院）、清节堂、正蒙义塾、施药所、栖流所、恤灾所、给米所等机构。清节堂是在怡安堂原基础上扩充的机构，收养70岁以上无依靠的寡妇。栖流所收容患病旅客，创办于道

1 夫马进．中国善会善堂史研究 [M]. 伍跃，杨文信，张学锋，译．北京：商务印书馆，2005：464.

光五年（1825），太平天国战争后归属普济堂。杭州自来多火灾，光绪年间新设恤灾所，安置火灾灾民。给米所是普济堂满额后，向无法收容的老人发放粮食的场所。

同善堂设立比普济堂晚。左宗棠《同善堂碑记》载，同治三年（1864）杭州克复后，因原有善堂大部分已荒废，先租借后又购买佑圣观巷张氏宅建同善堂，委托地方政府与丁丙等士绅共同经办。同善堂设施材局、掩埋局、施医局、牛痘局、报验局、穗遗集、钱江救生局、正蒙义塾、借钱局、惜字会等机构。

育婴堂是三善堂中最早设立的，《乐善录》中可见康熙、乾隆年间详定的旧章程。后经同治六年（1867）、同治十年（1871）、光绪五年（1879）、光绪十一年（1885）多次禀订，故各项章程较为完备细致。如自同治十年开始，每年支付若干钱粮，将部分婴儿委托给有哺乳能力的妇女家中抚养，并设立了详细的制度，以确保"庶乳媪不敢薄待"。

此外，杭州善举联合体还管理三仓（永济仓、义仓、富义仓）、宗文义塾、钱江义渡局、保甲局、迁善所、粥厂、丐厂、浚湖局、救火义集等机构。

二、文化名胜的兴创

战乱之后，杭州城市坍毁严重，以丁丙为代表的杭州士绅，还积极参与到基础设施的恢复中。同治三年（1864），丁丙刚从战时避难处回杭州，就着手集资重建城市基础设施。归结起来，主要包括两个方面：

其一，对西湖景观的重建。同治三年（1864）重建断桥，次年又疏浚西湖。同治十三年（1874）重修湖心亭。还特别主持筹集西湖岁浚经费，使西湖得以经常性疏浚。同时修复西湖周边历代名人遗迹，如钱王祠、白公祠、苏公祠、岳飞祠、于谦祠等。

其二，疏浚河道，修复或重建桥梁。同治八年（1869）重修庆春桥和宝善桥，光绪五年（1879）建新横河桥，光绪七年（1881）建田家园普济桥、坝子桥，光绪十一年（1885）重建拱宸桥，新建德胜桥并开浚城内河道，光绪十二年（1886）修朱桥、转塘，光绪十三年（1887）开浚北湖和驻防旗营河道，光绪十四年（1888）建万安桥，光绪十六（1890）年疏浚西溪河、沿山河和南湖，修筑上河堤坝、奉口斗门，光绪十九年（1893）开浚东河，同治六年（1867）还疏浚临平湖并修建海昌堤坝。

此外，丁丙还积极兴办学校。组织修复钱塘县学、仁和县学和杭州府学3所官学及敷文书院、崇义书院、紫阳书院和诂经精舍4所书院。因敷文书院地处万松岭僻地，丁丙又受浙江巡抚叶赫崧骏和浙江布政使刘树堂委托，在城内别创敷文讲学之庐。重修贡院考棚，并购置地基为贡院建造供考生暂憩的棚厂。除正蒙义塾、宗文义塾外，还开设湖墅社学等，免费接收或资助贫寒家庭子弟入学，为寒门子弟提供了晋升的机会。《乐善录》卷八《表传》中罗列了同治四年（1865）至光绪二十四年（1898）30余年间义塾生成为生员以上者的名单。其中出身于正蒙义塾的生员279人，举人4人，进士1人；出生于宗文义塾的生员152人，举人3人。[1]

俞樾《丁君松生家传》曾总结丁丙的慈善生涯："杭城克复以来三十余年，湖山歌舞粗复其旧，固由诸大吏振兴于上，贤有司经画于下，而拮据撠挶、心口交瘁、黾没从事，使公私交受其益者，则君一人也。君有官不赴，伏处乡里，而惠泽被乎四方，声名动乎朝野。求之古人，未可多得。微论刘胜寒蝉不堪比拟，即王烈、阳城辈徒以德化其乡者，亦不能尸居龙见若斯也。君临终有诗云：'分应独善心兼善，家守清贫书不贫。'夫子自道，得其实矣。"[2]

1　吴晶，周膺．晚清慈善组织在城市社会治理中的先导作用：丁丙《乐善录》与杭州善举联合体研究 [J]. 浙江学刊，2018（2）：215-224.

2　俞樾．丁君松生家传 [J]. 浙江省立图书馆月刊，1932（7/8）：87-90.

杭州博物馆藏丁丙信札，多涉慈善事，如其在致许增的信札（图11.4 丁丙致许增信札四）中提道："五月十六日有善堂春季报册禀送臬署，至今未奉批回。祈查示。"致许增的另一信札（图11.6 丁丙致许增信札六）中谈到自己"日来以在奉庆院粥厂中往来数番，追寻故迹，故顺笔奉闻，草此布颂"。即便是善堂的章程，也亲自过问（图11.7 丁丙致许增信札七）："各善堂章程用数殚三四年工夫，就力行所及者，参酌旧章，粗具崖略计四册，拟趁制军在浙，以前定案即梓以垂久，惟恐有未安之处，巨笔为之点定务使尽美尽美，勿留余憾，亦我同乡应办笔墨也。"小到义塾的用人，亦用心良苦。在致茶庵的信（图6.4 丁丙致高茶盦信札四）中谈道："龚甫已董理宗文义塾，惜脩数甚微。"后来渐渐对龚甫表示认可（图6.5丁丙致高茶盦信札五）："龚甫现管宗文义塾，脩数虽微，乡誉颇佳。"

丁丙"宅心仁厚，一生从善如流，凡有利于国计者，事无不赴，为无不力。凡救贫济灾恤嫠惠孤养生送死防洪课蒙之事，更难仆数"[1]，终生以慈善事业为己任，有学者认为，他是中国最有作为的慈善家之一。[2]

三、实业救国的先驱

实业之举亦是造福一方百姓的好事。丁丙积极引进先进技术和设备，创办民族工业，他的探索对杭州地区近代工业的起步发展做出了重要贡献。

光绪十五年（1889）丁丙与庞元济、王震元共同筹募股本计白银8.33万两，另借国库白银40.1万两，在杭州拱宸桥西创办杭州通益公纱厂（图4.1）。光绪二十三年（1897）建成投产，有纱锭15040枚，光绪二十四年（1898）产纱200万磅[3]，雇用工人1300人[4]。杭州通益公纱厂为原杭州第一棉纺织厂前

1 陈训慈．丁松生先生与浙江文献 [J]. 浙江省立图书馆月刊，1932（7/8）：1-37.
2 王露．西溪通史：上 [M]. 杭州：杭州出版社，2017：274.
3 汪敬虞．中国近代工业史资料：第 2 辑：下 [M]. 北京：科学出版社，1959：691.
4 汪敬虞．中国近代工业史资料：第 2 辑：下 [M]. 北京：科学出版社，1959：1186. 按，200 万磅相当于 907.18 吨。

身，是浙江民族资本家所创办的最早的现代棉纺织厂，也是当时浙江规模最大、设备最先进的三大棉纺织厂之一。

图4.1　通益公纱厂

光绪二十一年（1895）又与庞元济集资白银30万两，在拱宸桥西如意里创办杭州第一家机械缫丝厂——杭州世经缫丝厂，次年建成投产，拥有上海摩宜笃公司制造的直缫式缫丝机208台，该缫丝机是意大利在19世纪50年代研制的。光绪二十二年（1896）丁丙再次与庞元济合作，集白银8万两在仁和县塘栖镇东日晖桥创建杭州大纶缫丝厂，初置意大利直缫式缫丝机208台，后增至276台，缫丝工200余人。杭州世经缫丝厂和杭州大纶缫丝厂为当时浙江三大机械缫丝厂中的两家。

然而民族工业起步着实不易。丁丙在致茶庵的信（图6.7 丁丙致高茶龕信札七）中记述了“近日”市场的情形：“前数日湖州因私枭滋事，日来临安因棚民滋闹，乱机萌动，殊切杞忧。各业生意冰清，机户以丝贵绸贱而滞，市上有停织之意，兄亦可知大较也。”其在另一通信（图6.5 丁丙致高茶龕信札五）中也提道：“近闻得有铅苗，能铅后获银，富而且贵矣。故乡光景穷迫愈甚，生意萧然，盗贼公行。前日七龙潭未晚抢绸，刃伤事主，至拔簪夺钱，则遍处皆是，城外更无论矣。”

丁氏独辟蹊径，在创办新式工厂的同时，坚持多业并举与新旧整合，特别是仍十分重视服务业发展。不仅从事丝绸业和棉纺业，还继承祖业经商，是当时杭州著名的锡箔商、典当商，同时也成为浙江最早实现经济理念向现代转换的群体，“由此成功推动家族传统商业资本向现代产业资本转变，实现了自我超越和突破性发展，由旧式商人成长为现代企业家。丁氏创办的现代产业对浙江发展现代经济具有积极的示范和引导作用，带动了大批绅商创办新式工厂”[1]。在引进先进的管理经验和机器设备、开发新产品、提高产品质量等方面，更有开一时风气之效。较早形成的实业思想，体现了19世纪晚期的士绅在文化理念主导下积极对现代产业进行探索的勇气。

1 吴晶，周膺．浙江近代文化转型中的士绅蜕变：以丁丙为中心的丁氏家族考察 [J]. 浙江学刊，2016（6）：92–102.

尺素鱼肠，寸心雁足

清代初期，社会经济逐渐恢复安定，朝廷采取重视文教，笼络上层汉族文人的政策，科举制度得以继续施行。制笺业在这种背景下逐渐恢复发展起来。康熙十年（1671），李渔在《闲情偶寄·器玩部》专述有“笺简”一节，就提到了他所设计、印制的韵事笺八种和织锦笺十种，自李笠翁始，有清一朝文人制笺之风延绵不绝。

清代乾隆、嘉庆朝之后，民间出现了众多以笺纸制售为主的笺铺，文人无不以书笺为雅事。至道光、咸丰年间，又出现了一批新兴店铺，如抱经阁、云蓝阁等。因与画家结合紧密，随着写意画风渐趋而为画坛主流，笺画图案也随之流变。

一般认为，至清末时笺纸店铺售卖的笺纸已远不及前代，风格日益僵化、画面愈加呆板，失去了笺纸最重要的文人趣味，其刻版、印刷也流于粗俗，制笺业由盛转衰。[1]从杭州博物馆馆藏丁丙信札以及其他一些名人尺牍来

1　刘运峰．中国笺纸：微型国画的人文情怀 [J]. 决策探索，2019（5）：46-48.

看，这种认识恐怕不是十分准确。当时江南地区的文人通信，其用笺十分讲究，品种丰富、工艺繁复的各类笺纸在他们的日常通信之中占有很大比例。笔者在研究馆藏丁丙信札内容之时，也对所用笺纸进行了分类整理，其中涉及工艺有染色刻印、复色套印，从题材上来看有山水、人物故事、古玩彝器等，可以说基本上包罗了当时各种笺纸制作的品类，故作为晚清文人用笺的案例进行讨论。

一、清末民国杭州制笺业

清末最后一科举人，后来的宗文中学校长钟毓龙在他晚年的著作《说杭州》中详细描述了清末民国时期杭州笺纸、装裱业的情况："有浣花斋、匀碧斋、松竹斋、集雅斋等，专营宣纸、虎皮纸等书画用纸，并兼营装裱书画，裱工精致，有绫裱、锦裱、绢裱、纸裱数种。凡笺纸店均与书画家极熟悉，可代人求书画……"[1]

清末民国时期笺纸店往往还承担书画装裱和订制销售等业务，这种情况一方面是由于笺纸作为文人书信往来的小众商品，其需求量必然不高，因此单独经营笺纸，店铺的生意难以为继。另一方面是因为制作笺纸往往需要染色、雕版、印刷等等一系列的工序，每一道工序都需要专门的人工和工具，而这些工序往往和书画装裱有很大关联度，因此装裱业与笺纸业相互融合的局面在清末出现也就不足为奇了。清末民国时期杭州有名的笺纸铺有以下几家。

（一）虚白斋

虚白斋始建于乾隆年间，位于仙林桥永宁街北。《武林坊巷志》"平安坊三"之"青云街"条目有载："许五辰，原名丽身，字华亭，仁和禀贡，有《养时轩诗钞》。华亭与弟少卿称二难。所著有《同怀诗钞》。世业笺纸，在

1　钟毓龙 . 说杭州：下 [M]. 杭州：浙江古籍出版社，2016：36.

青云街，名虚白斋，为梁山舟学士所赏，非其纸不书。一时名重洛阳，价增十倍。庚辛之劫，所著付诸一炬。后客死于申江，尚有《佩兰文集》一卷。”[1] 因虚白斋笺纸质量上乘，梁同书非其不写，故使许氏虚白斋名声鹊起。

至民国，武林虚白斋笺纸店仍存。嘉德拍卖会2015年曾拍出民国虚白斋名笺，签条上印有“武林许氏虚白斋开张贡院前青云街，坐东朝西面，至此一铺，并无分出”，标明了虚白斋位置、店铺朝向，没有分店等信息。

（二）云蓝阁

云蓝阁初建于咸同年间，主人陈云蓝，故名。其在扬州开设纸坊，并在杭州设有分店。为云蓝阁设计笺纸画稿的，有吴熙载、赵之谦、张熊等名家，因此其在当时占有很大的市场份额。抗战时期，云蓝阁易主。公私合营时并入百货公司，至此店号消亡。

（三）匀碧斋

匀碧斋建于同治初年，主人赵晓村，号匀碧，画家，善画梅花，后创办了匀碧斋。赵晓村为㧑叔族弟，故匀碧斋的纸颇受赵之谦欢迎。

清同治年间绍兴东浦人汤裕民来杭州纸行做学徒，对各种高难度工艺他都学习不倦。汤裕民凭着一副好身板和一手做纸的好技艺，开始了他的创业道路，在中山中路盘下双开间的店面，进行宣纸加工。经过原始积累，至光绪十三年（1887）盘下匀碧斋经营。

汤氏擅长与书画家交友，为他们量身定制各种宣纸。光绪三年（1877）丁丑科进士杨文莹[2]为其题书“匀碧斋名笺”。同样汤氏为杨文莹度身定制了适合杨氏书写的专用宣纸，定名为“幸草宣”，“幸草”为杨氏的斋堂名，后来成为书家常用纸，畅销百年。

匀碧斋为前店后坊的传统格局。宣纸加工作坊有着特别的要求，关上

1 丁丙．武林坊巷志[M]．杭州：浙江人民出版社，1987：7.

2 杨文莹（1838—1908），字粹伯，号雪渔，浙江钱塘（今杭州）人。光绪三年（1877）进士，官编修、记名御史、贵州学政。工书法，以宋四家为宗，笔姿瘦劲，具有铁划银钩之势。

门窗后无一丝微风，一旦有了轻微的空气流动，就会使两张宣纸产生粘连而造成报废。原料也要严格把关：明矾必须是天然结晶的晶体明矾，色白晶亮；骨胶是上好的牛皮胶；染色的颜料多用姑苏姜思序堂的矿物质和植物汁颜料；墨要用徽州的顶烟、贡烟，经手工研磨而成。匀碧斋加工的宣纸光洁匀净、纸质柔韧、墨色鲜亮，深受清末民初书画大家的青睐，吴昌硕、章太炎、齐白石、马一浮、张书旂、潘天寿、张宗祥、黄宾虹、余绍宋等均到过匀碧斋订购宣纸。[1]至公私合营时，并入浣花斋。

（四）浣花斋

杭州浣花斋开设于明崇祯十年（1637）。晚晴以降，浣花斋与书画艺术结缘颇深，流传至今的不少书画的用纸都有“杭省浣花斋监制”字样。如吴昌硕1921年之作《木芙蓉》，纸张为浣花斋四尺单张，印有前述字样。

清末民国诸多艺术大师，如蒲华、吴昌硕、黄宾虹、李叔同、余绍宋、沈尹默、潘天寿、张大千、陈少梅等，都与浣花斋来往频繁，交谊密切；诸多文化名人也偏爱浣花斋纸张，据《亭亭寒柯余绍宋传》载，余绍宋在杭州时，用纸大都为浣花斋煮硾宣，其书迹亦在浣花斋寄售。[2]据《鲁迅日记》“日记十八,三月三十日”自记，其特别喜好浣花斋纸笺，托人收集了40余种，或收藏，或赠与海内外友人，或题签、作书信寄给专门之人，足见浣花斋宣纸、书笺及修缮技艺受到广泛的推崇。[3]（图5.1）

正是由于经过多年发展，杭州产生了虚白斋、匀碧斋、浣花斋等多家知名笺纸铺，成为南方制笺重镇，为当地文人用笺的多样性提供了可能。

二、丁丙信札所用笺纸

在释读丁丙信札的同时，考察其所用笺纸，发现其品种丰富，刻印精

1 王曜忠．钱塘江民间工艺美术 [M]. 杭州：杭州出版社，2013：186.

2 余子安．亭亭寒柯：余绍宋传 [M]. 杭州：浙江人民出版社，2006：242.

3 上海鲁迅纪念馆．华痕碎影 [M]. 上海：上海文化出版社，2019：174.

图5.1　浣花斋今貌（杭州市上城区中山中路11—13号）

美，可以说是晚清笺纸发展的一个缩影。从题材而言其大致可以分为三类：一是博古笺，主要题材包括商周青铜器、砖纹、钱币等；二是自制笺，丁丙信札用笺中，有多通为其自制当归草堂制笺，另有抱甓居士款博古笺亦是出自丁氏之手；三是诗画笺，丁丙的诗画笺，有人物故事、山水诗文、单一题材等多种形式。详见表5.1。

表5.1 杭州博物馆馆藏丁丙信札用笺情况

序号	品种	底纹、款识	尺寸	图示	类别
1	商云雷爵图印花笺纸	笺纸黄色为底，朱色印线描商云雷爵图，“匀碧斋摹古”款。	横11.5cm 纵22cm	图7.1 丁丙致叔迟信札一	博古笺
2	乍旅鬲图单色印花笺纸	笺纸茜色为底，淡墨色印线描乍旅鬲图，“河南文氏 宝月斋摹”款。	横12.5cm 纵23cm	图6.7 丁丙致高茶龕信札七	
3	大吉连环壶鼎图单色印花笺纸	笺纸米黄色为底，绿色印大吉连环壶鼎图，“若洲摹古”款。	横12.1cm 纵22.5cm	图6.7 丁丙致高茶龕信札七	
4	周小圆觚图单色印花笺纸	笺纸黄色为底，朱色印线描周小圆觚图，“匀碧斋摹”款。	横12.5cm 纵22.8cm	图11.21 丁丙许增信札二十一	
5	汉素圆壶图单色印花笺纸	笺纸黄色为底，朱色印线描汉素圆壶图，“匀碧斋制”款。	横13.2cm 纵23.2cm	图11.19 丁丙致许增信札十九	
6	汉建初铜尺纹单色印花笺纸	笺纸黄色为底，朱色印“虑虒铜尺建初六年八月十五日造”，右侧“汉建初铜尺十四字”“五陵渔者制笺”款。	横12cm 纵23cm	图11.8 丁丙致许增信札八	
7	泉币纹单色印花笺纸（其一）	笺纸黄色为底，朱色印“端平通宝”“半两”泉币纹。	横12.8cm 纵25.2cm	图10.1 丁丙致蔚也信札一	
8	泉币纹单色印花笺纸（其二）	笺纸黄色为底，朱色印“端平通宝”“半两”“大泉五十”泉币纹。	横12.2cm 纵23cm	图11.16 丁丙致许增信札十六	
9	泉币纹单色印花笺纸（其三）	笺纸黄色为底，朱色印“货泉”“半两”“端平通宝”泉币纹。左侧有“深柳读书堂制笺”款。	横13.3cm 纵24.4cm	图11.14 丁丙致许增信札十四	
10	晋太康砖纹单色印花笺纸	笺纸米色为底，朱色印“太康元年”双钩砖纹，左有“晋太康砖”题记，“小松”“环云”两方钤印。	横13.2cm 纵23.2cm	图6.6 丁丙致高茶龕信札六（左）	
11	梁普通砖纹单色印花笺纸	笺纸米色为底，朱色印“普通四年作”砖纹，左有“梁普通砖”题记，“赵”“环云阁制”钤印。	横12.5cm 纵23cm	图6.6 丁丙致高茶龕信札六（右）	
12	当归草堂制单色印花笺纸	笺纸米色为底，印朱丝十二栏，“当归草堂制笺”款。	横13.1 纵23.7	图10.2 丁丙致蔚也信札二	自制笺

续表

序号	品种	底纹、款识	尺寸	图示	类别
13	“永明二年丁功曹家”砖纹单色印花笺纸	笺纸黄色为底，朱色印“永明二年丁功曹家”砖纹，左有“甲戌十月抱甓居士手拓”题记。	横13.1cm 纵23.3cm	图12.1　丁丙致性之信札	自制笺
14	山水诗文图单色印花笺纸	笺纸紫色为底，淡墨色印有山水芭蕉庭院图，“香霭花间露”五言绝句，“醉墨林图拜题”款。	横12.5cm 纵22.9cm	图7.4　丁丙致叔迟信札四	诗画笺
15	朱熹、杨万里诗文梅花图单色印花笺纸	笺纸黄色为底，淡墨色印折枝梅花纹诗文图。诗文“年年一笑相逢处 晦翁”“只合池亭隔水看 杨万里”。“清右”款。有“元记”钤印。	横11.5cm 纵22cm	图10.10丁丙致蔚也信札十	
16	马上饯别图单色印花笺纸	笺纸棕色为底，玫红色印马上饯别图，“凭君传语报平安”“铁仙”款。	横12.2cm 纵23cm	图6.4　丁丙致高茶龛信札四	
17	桐荫高士图单色印花笺纸	笺纸黄色为底，绿色印桐荫高士图，“新罗山人笔意”款。	横12.2cm 纵22.2cm	图10.4　丁丙致蔚也信札四	
18	爱莲图单色印花笺纸	笺纸茜色为底，朱色印爱莲图，“仿宋人笔意”款。	横12.8cm 纵23cm	图11.6　丁丙致许增信札六（左）	
19	米芾拜石图单色印花笺纸	笺纸淡紫色为底，朱色印米芾拜石图。	横12.8cm 纵23cm	图11.6　丁丙致许增信札六（右）	
20	折枝梅花图单色印花笺纸	笺纸黄色为底，玫红色印折枝梅花。	横10.8cm 纵23cm	图11.15丁丙致许增信札十五	
21	蝴蝶纹单色套印花笺纸	笺纸黄色为底，绿色印若干大小蝴蝶飞舞。	横12.1cm 纵23cm	图11.7　丁丙致许增信札七	
22	兰草图双色印花笺纸	笺纸黄色为底，双色套印，朱色印四周单边，变形方形底纹，绿色印兰草图。有“松茂”钤印。	横9.3cm 纵22.8cm	图11.1　丁丙致许增信札一	
23	杖履图双色套印花笺纸	笺纸黄色为底，双色套印墨绿色界栏和朱色斗笠、梅花、杖履纹饰。“春在先生杖履中，协成生主人写意”款。	横12.4cm 纵22.8cm	图7.3　丁丙致叔迟信札三	

（一）博古笺

从所绘内容看，博古纹饰是丁丙信札笺纸里最为大宗的题材。内容包括青铜器、古钱币、古砖。这些纹饰在笺纸的装饰中十分常见，用这类纹饰装饰的笺纸被统称为“博古笺”。

“博古”本来专指上古青铜器纹饰，宋徽宗曾命大臣编绘宫内所藏古器物，编成《宣和博古图录》三十卷，此后渐渐把绘制钟鼎、古瓷、玉石等古器皿的图案统称为“博古纹”。晚明，在好古、玩古习气影响下，宋代金石学著作被翻刻传播，金石图像受到关注，刻印技术又有突破，有拱花凹凸、饾版分色印刷，这是当时最高超的印刷技术，于是，博古彩笺的辉煌时刻便到来了。这时的博古笺并没有三代彝器纹样的凝重风格，而是使用了古器物与拱花的纤巧搭配。这种风格，实际是古董收藏、陈设、鉴赏等文人生活中的审美偏好的体现，符合时趣，成为后世博古笺的典范。[1]

从容媛《金石书录目》中可以看到，自北宋至清代乾隆以前，700余年间仅有67种金石书，而乾隆以后的金石著作多达906种。[2]清代金石学者精于鉴别，考证严谨，研究范围更广泛，收集资料更丰富，考释文字的水平也大为提高，尤其对石刻史料的整理汇集工作开展得普遍深入，成就斐然。随着各类地下文物的出土面世，给金石学研究提供了丰富的参考资料和鲜活的评鉴实物。

清代嘉道以后，金石学的体系逐渐完善起来。尤其如毛公鼎等铭文字数较多的重器陆续被发现后，更为金石界所重，因此，对铜器及铭文的研究日益兴盛。大凡金石之友的交往和学术交流，主要是通过书翰往来进行的。而友人或雅士得其书札者，无不珍爱，或装册珍藏，或抄录传阅。因此在文人书翰往来中，博古笺的使用量明显较前代增加，且与晚明时期刻绘风格不

1 邵文菁. 中国笺纸笺谱 [M]. 杭州：浙江摄影出版社，2017：46.

2 邓华. 陈介祺传 [M]. 济南：齐鲁书社，2015：32.

同，清代中晚期的博古笺纸往往呈现出古拙、质朴的风貌。这一时期的金石学研究特点是著录与研究范围不仅限于铜器、石刻，还兼及瓦当、陶瓷、玺印、古玉、铜镜、钱币等。因此在笺纸制作中也出现了大量除了青铜器之外其他题材的博古纹样。

丁丙使用的博古笺，主要有以下几个种类：

一为钟鼎彝器纹为信笺纹饰主体，如商云雷爵（图7.1 丁丙致叔迟信札一），旅鬲、大吉连环壶鼎（图6.7 丁丙致高茶盦信札七），周小圆觚（图11.21 丁丙致许增信札二十一、图11.20 丁丙致许增信札二十），汉素圆壶（图11.19 丁丙致许增信札十九），汉建初铜尺（图11.8 丁丙致许增信札八）等。主要为匀碧斋的产品，另有"若洲摹古"和"五陵渔者制"。图像呈现方式为中区为线描彝器纹样，边上标有器物的年代及名称。

二为古泉入笺。馆藏丁丙信札中共有三笺，其中一笺有明确出处"深柳读书堂制笺"（图11.14 丁丙致许增信札十四）。朱色印"大泉五十""半两""端平通宝""货泉"等泉纹（图10.1 丁丙致蔚也信札一、图11.14 丁丙致许增信札十四、图11.16 丁丙致许增信札十六），其大小并不与钱币完全一致，且位置随机。

三为以古砖制笺图。丁丙自制博古笺，朱色印"永明二年丁功曹家"砖纹，左有"甲戌十月抱甓居士手拓"题记（图12.1 丁丙致性之信札）。另有环云阁制笺两种（图6.6 丁丙致高茶盦信札六）：砖框中朱文印制砖年款"太康元年"，左侧为"晋太康砖"题记，"小松""环云"两方钤印；及砖框中朱色印"普通四年作"砖纹，左有"梁普通砖"题记，"赵""环云阁制"钤印。

究其原因，大约为丁申、丁丙兄弟素来热衷于金石之学。他们不仅是杭州晚清名气远扬的藏书家，也是重要的金石学推动者，光绪十年（1884）丁丙将清代倪涛《武林石刻记》和丁敬《武林金石记》残帙重加搜采，编成

《武林金石记》。篆刻方面，丁氏兄弟也颇有建树。先后出版数十种印谱，其中有关西冷八家的占多数。

丁氏其在书信中广泛使用金石博古笺正是丁氏对金石之学研究的延伸，反映了晚清金石学著录研究范围不断拓宽的历史特点。

（二）自制笺纸

除了匀碧斋、环云阁等著名纸店的花笺，丁丙信札中还有许多私人制笺，这些笺纸反映了晚清文人广泛参与制笺的情况。

文人制笺的历史可以上溯至唐代的“薛涛笺”，元代赵孟頫有“松雪斋自制笺”。据明代汪珂玉《珊瑚网》记载，“松雪摹靖节像，其纸亦松雪斋自制笺，粉中隐起八分书‘子昂’二字”。赵孟頫的“松雪斋自制笺”被认为是文人制笺的鼻祖。

明代文人制笺的风尚一度沉寂，文人制笺的相关记载与实物均未能得见，直至清初李渔在他的重要著作《闲情偶寄》中详细记载了他自制笺纸的情况，他还将自己设计的笺纸售卖出去，“海内明贤欲得者，倩人向金陵购之”。由李笠翁始，有清一代文人制笺的传统绵延不绝，其影响一直延续到清末民国时期，其私人属性反映了制笺人在金石、诗画方面的审美趣味，成为清代制笺的一大特色。

从馆藏丁丙用笺情况来看，丁氏用笺除了笺纸铺出售的商品笺之外，文人自制的笺纸也不在少数。

1.当归草堂制笺

丁丙信札中出现最多的是“当归草堂制笺”（图10.2 丁丙致蔚也信二）。当归草堂为丁丙书室名，丁丙所刊的五部丛书《当归草堂丛书》《当归草堂医学丛书初编》《西冷五布衣遗书》《武林掌故丛编》《武林往哲遗著》中有两部就以此室命名，信笺内容也多为出版刊刻书籍事宜，可见“当归草堂制笺”是丁丙日常使用频率相当高的笺纸。这种行格笺是清代文人制笺中最为流行的样式。

2.“抱甓居士”款博古笺

此外还有一种落款为“抱甓居士手拓”的花笺（图12.1 丁丙致性之信札），钤单字“丁”朱文印，图案为永明二年丁功曹家砖纹。此砖为嵊州应天寺塔砖,《越中金石记》记载:“（惠安寺应天塔砖）文曰永明二年丁功曹家，又一砖文曰梁大同九年癸亥，又有永元元年、天监二年诸砖。”光绪元年（1875），金石学家陶濬宣曾寻访此塔，得古砖五方，并考证《越中金石记》引用《道光志》所载“丁功曹家”四字中“家”字当误，应为“丁功曹冢”砖。

丁丙别号甚多，常见者有钱塘流民、八千卷楼主人、竹书堂主人、书库抱残生、生老等。抱甓居士在以往文献中不曾见到，而馆藏丁丙致性之一札中，丁丙将笺纸落款中的年月更改，将“拓”改为“奏”，唯独“抱甓居士”未加更改，可见此为丁丙之号无疑。甓为砖瓦古称，以抱甓为号从侧面反映了丁丙对金石之学的由衷热爱。

另有潘景郑旧藏丁丙致许仁沐一札，其笺纸也是“抱甓居士”款博古花笺，图案为丁遂昌墓砖，此墓同样位于嵊州。馆藏“永明二年丁功曹冢”砖纹博古笺的落款为甲戌（1874）十月，与陶濬宣入剡溪仅相差几个月，且陶濬宣为丁丙校书，二人过从甚密，丁丙制作此套笺纸与陶濬宣入剡溪是否有关尚待进一步考证。

（三）诗画笺纸

此文中，笔者将笺纸中带有图画或诗文的笺纸，统一称为诗画笺。因丁丙信札所用的此批笺纸的铺色、印制手法和图像系统相似，以类相从。

1.山水诗文笺

山水诗文笺，明代少见；至清代早中期，大多是全景布局，白描勾线，单色背景纸。丁丙所用山水诗文笺也有相同特征：山水诗文图单色印花笺纸

（图7.4 丁丙致叔迟信札四），淡墨色印有山水芭蕉庭院图，题写“香靄花间露”五言绝句，“醉墨林图拜题”款；朱熹、杨万里诗文梅花图单色印花笺纸（图10.10 丁丙致蔚也信札十），淡墨色印折枝梅花纹诗文图，诗文“年年一笑相逢处 晦翁”“只合池亭隔水看 杨万里”，“清右”款，“元记”钤印。

2.人物故事笺

人物题材的笺纸，与山水诗文一类情形非常相似。乾隆以后，绘制以白描为主，淡色作底，套色少有。

丁丙信札中的人物故事笺均以名贤高士为题材，体现了使用者的精神价值取向，共计四种：一为棕色笺纸（图6.4 丁丙致高茶盦信札四），玫红色印马上饯别图，“凭君传语报平安”“铁仙”款；二为黄色笺纸（图10.4 丁丙致蔚也信札四），绿色印桐荫高士图，“新罗山人笔意”款；三为茜色笺纸（图11.6 丁丙致许增信札六〔左〕），朱色印爱莲图，“仿宋人笔意”款；四为淡紫色笺纸（图11.6 丁丙致许增信札六〔右〕），朱色印米芾拜石图。

3.单一题材笺

此类笺纸，不将人物、花鸟、山水兼收，往往是以一种单一题材的面貌出现，突出主题。如折枝梅花笺图（图11.15 丁丙致许增信札十五）、蝴蝶笺（图11.7 丁丙致许增信札七），图像为历代文人所喜，具有传统象征意义。

4.双色套印笺

套印、饾版技术是一种将画面分成若干色板，经过套印、叠印，使同一张笺纸的纹样具备不同色彩的印刷技术，在明代中后期已经广泛使用。杭州博物馆馆藏的丁丙信札中，有双色套印笺两例：兰草图双色套印花笺纸（图11.1 丁丙致许增信札一），笺纸黄色为底，朱色印四周单边，变形方形底纹，套印绿色兰草图，钤“松茂”印；杖履图双色套印花笺纸（图7.3 丁丙致叔迟信札三），以染黄纸为底色，套印墨绿色界栏和朱色斗笠、梅花、杖履纹饰，落款“春在先生杖履中，协成生主人写意”。“春在先生杖履中”出自北宋苏轼《寄题刁景纯藏春坞》。

三、结论

根据上述对丁丙信札的考察，我们可以得出如下结论：

第一，随着笺纸消费的商业化，兴起了如匀碧斋、浣花斋等一批经营笺纸、笺铺的纸店，这些纸店往往兼营字画、装裱，成为鉴赏家、收藏夹、书画家交流的场域，可以说纸店是晚清艺术品商品化的一个要素。

第二，笺纸在晚清文人的书信往来中仍然十分盛行，其制作技艺、纹样题材较清代早中期更加发展，并且受到清末金石学的影响，产生了区别于以往博古笺题材的更为丰富的泉币纹、砖石类博古笺，体现了文人书翰往来间的审美意趣。

第三，随着太平天国运动后江南地区出现文化真空，刊刻书籍蓬勃兴起的同时，文人自制笺纸的风潮方兴未艾，其中既包含了反映文人审美情趣的自用笺，也有为数不少的用于商业、文化交流的公务笺。

总之，晚清时期的笺纸业发展并不像人们想象的那样呈现凋敝僵化之势，而是在前代笺纸发展的基础之上出现了更加商品化、多样化的发展趋势，为民国时期笺纸的进一步发展奠定了坚实的基础。

下编　丁丙信札考释

一、丁丙致高茶盦信札

茶盦，即高望曾，字稚颜，号茶庵，仁和人。诸生，官将乐知县。有《茶梦庵诗》等。[1]谈到茶盦与松生的感情，读韩钦《〈茶梦庵集〉序》可见："茶庵，生负异才。其于诗也，少作即工。交遍宇内，独于同里丁子松生为耐久朋，自童稚迄老迈，情意罔间。今茶庵身殁无嗣，丁子经纪其丧，裒集其遗稿锓木，以垂久远。"

1 谭献，罗仲鼎，俞浣萍．谭献集 [M]. 杭州：浙江古籍出版社，2012：241.

丁丙致高茶盦信札一

释文：

茶庵四兄大人如手，近来有无活动之信？念念。闽闱试官发狂，殊属罕闻。韵梅、蓉帆闻均秉红蜡而挥蓝毫也。浙题颇难出色，又不知何人过海做神仙耳？勒公颇好文墨，不知能见赏否？尊图属子垣补景，付裱后为砚□久搁，近索白叔、龚甫两君以均是填词。弟不善此，且满腔离思，不知何从做起，索性不题。再四索可帆题，居然破二十年之戒，尚见其惓惓故人之意。有了四人，足以缴卷。春浦一心想中举，题册至今未来，只能再寄。女儿近习绘事，奉去两扇，一送令嫒，一送令侄。星垣勉强持家，惟其夫人时病。韩俊伯之子近日回杭。叶退之子槐生人颇向学，奈逼于顽父虐母，殊不得意。柳湖信顺上。此颂台安。弟丙顿首。九月朔。

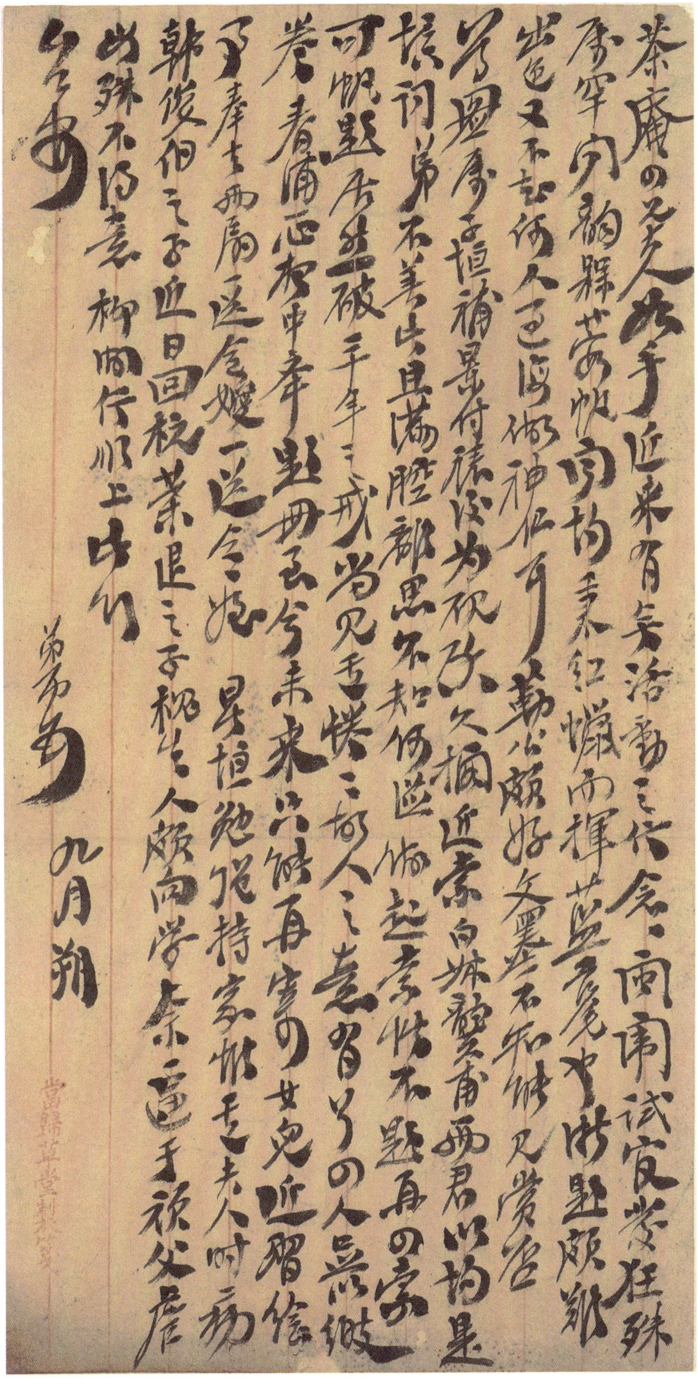

图6.1 丁丙致高茶盦信札一

丁丙致高茶龛信札二

释文：

茶庵仁兄大人阁下：

此次意外得兄至，满拟快意追游，不意兄出意外之事，匆匆未尽所怀，岂我两人少时聚首过多，今应离别亦多耶？顷接四日书，知已抵兰。扇纨及星垣件均悉，计本月尾当可达闽。惟从此顺平为祝。闽中闻大闹闱案，三槐公想已转省。兄此行，彼能鉴其劳苦否？横河寓屋尚无主，星垣甚费踌躇，著名荒谬之人是难交手也。杭地□□出榜，舍侄幸获，足以奉慰。题名录闱墨稼孙兄处有之，须查可往阅也。□容缕陈，肃请大安。

弟丙顿首。十七灯下。

信札中写道："杭地□□出榜，舍侄幸获，足以奉慰。题名录闱墨稼孙兄处有之，须查可往阅也。"据《先考松生府君年谱》记载，光绪元年（1875）"九月，兄立诚乡试中式举人。修甫兄年二十六岁，乡试中式第二名"。由此可知，此信写于光绪元年九月后。

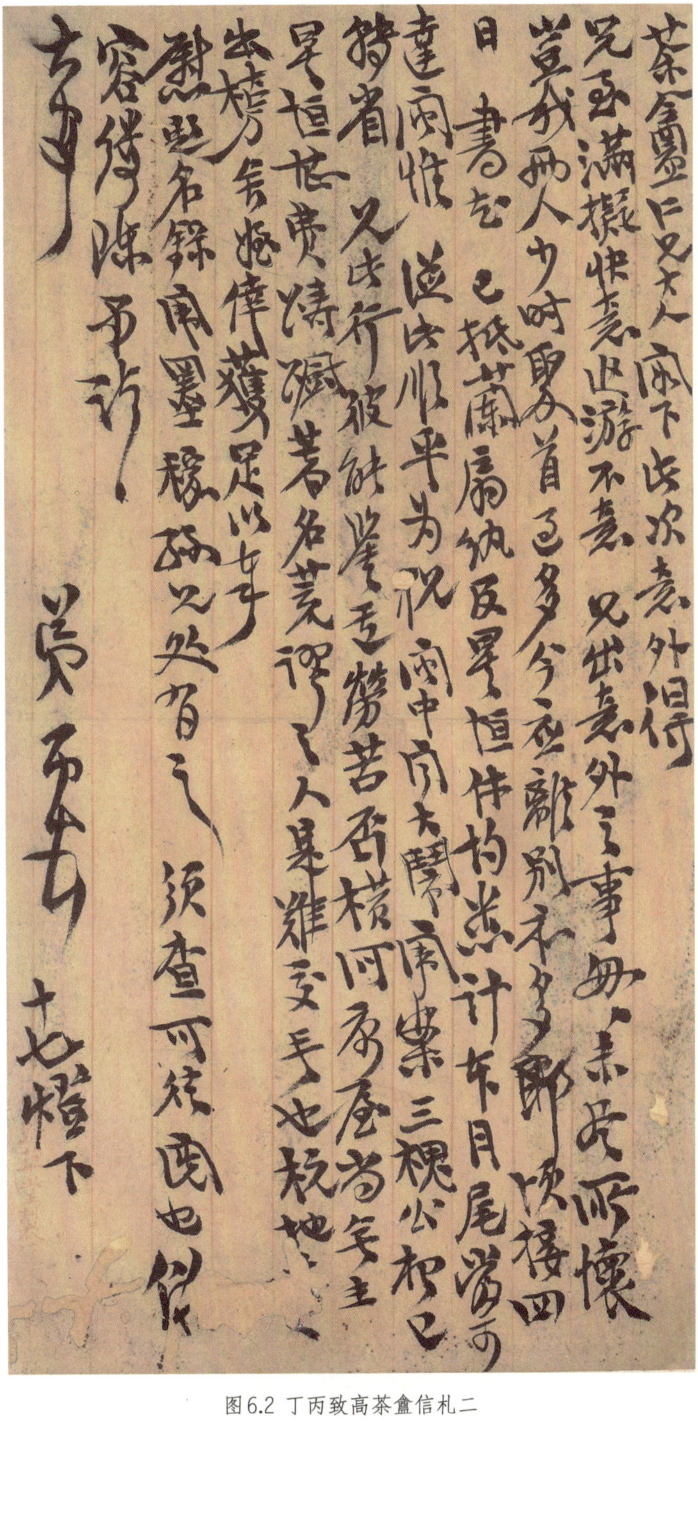

图6.2 丁丙致高茶龛信札二

丁丙致高茶盦信札三

释文：

茶兄大人照：

午月廿五发上一信，亮察。近久未得复音，殊念。接镜仁兄七月初二来书，仍就姚叔英观察之馆。尊状均于弟信得悉，惟有懊怅并虚慰顺受而已。接六月六韵梅来信，其为兄说项，不知果否？然昨接汪子义来信云，韵梅处哄堂罢市，恐亦无余暇及兄也。粉师患胀三月，医药无效，于七月二十日大去，临没，神明湛然，惟子女幼小，益增心丧之痛。讣文附上。故乡因西北之奇，弄得来生意冰冷，柴荒米贵，意味索然。此请大安。

弟丙拜上。八月八日。

再：璇叔表妹之子殁于苏，近日星垣赴苏，挈回柩并妻子。

杨枌园即杨文杰，字枌园，仁和人，同治六年（1867）丁卯优贡，光绪元年（1875）举孝廉方正。经术湛深，著有《续经稗》十二卷、《群经札记》十四卷、《大学古本订》一卷、《说文重文考》一卷、《说文阙文考》一卷、《说文逸文考》一卷、《东城记余》一卷、《堪舆杂说》四卷。丁丙为受业弟子。[1]

据《先考松生府君年谱》记载，“七月，杨枌园先生卒，府君经纪其丧”，故此通信札的时间为光绪四年（1878）八月八日。

1　潘衍桐．两浙輶轩续录：第 47 卷 [M]. 杭州：浙江古籍出版社，2014.

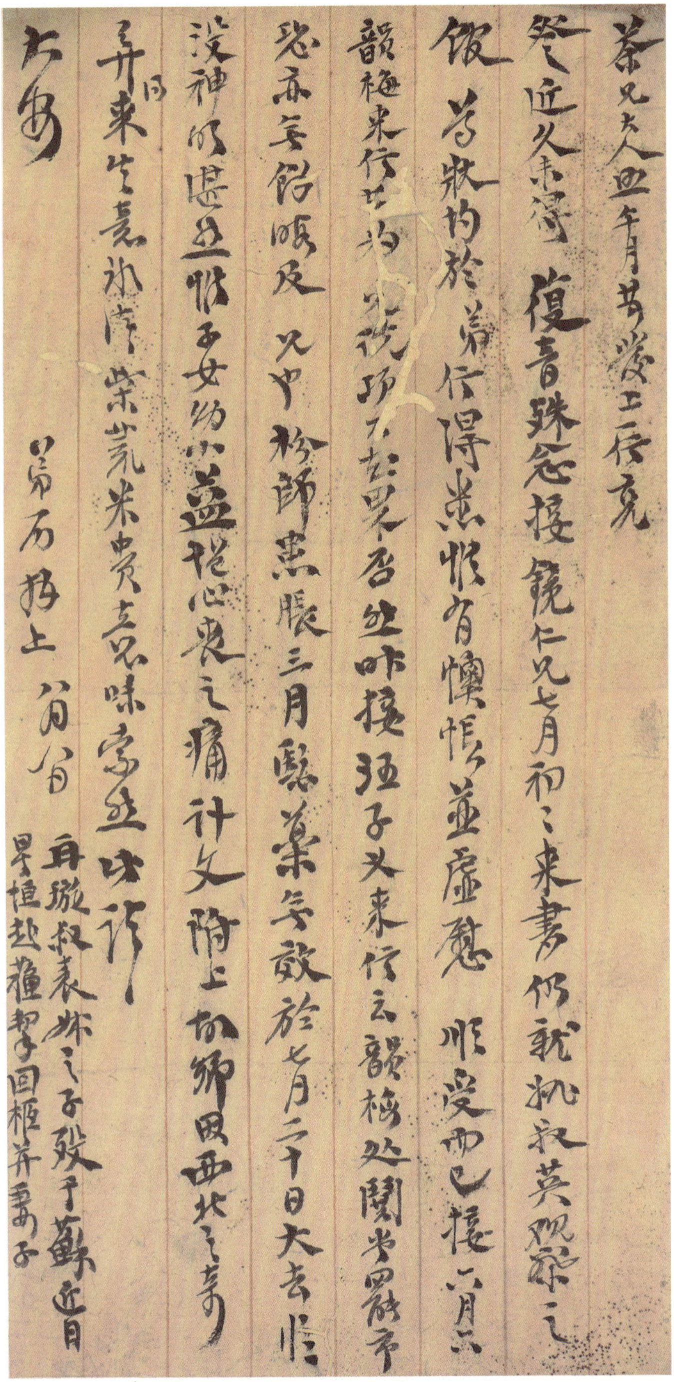

图6.3 丁丙致高茶盦信札三

丁丙致高茶庵信札四

释文：

茶庵四哥大人阁下：

严君来接奉手书，备悉新祉平安，辄为快慰。鹤仙重来，闻即须赴北，恐两江在指顾间，新中峰既属旧雨，似较漠不相干者为胜，然云泥分隔，情势已殊，似宜格外留意，以期获上。荔庵云兄尚有数案未了，殊深念念。彼之弃产何烦涉讼，医之道地总看机缘。弟今年已将善董辞去，希冀免过。镜兄久不接信，星垣勉强支撑，近移居菜市河下，往来殊便。尊照已交子恒，渠亦衣食忙碌，尚未补景。成后当题劣语以托相思。辅之丈老态颓唐，恐求而不应。子修是硕卿之子，近时独秀，可继蕴梅，能托题固所愿也。故乡景物大逊，如何如何。子容老态日增，白叔颇以美事为念。粪甫已董理宗文义塾，惜脩数甚微。别久思深，临纸转无一语。诸祈珍重而已。肃贺新禧，不一。

弟丁丙顿首。正月廿三。

丁丙主理善董垫资极多，心力憔悴，提出辞呈，辞书中写道：“职经理十有五年，已极疲驰。措垫已及三万，若照存典息，每年又须暗贴三千。力竭气馁，无从振作。”于是，“十二月，禀销善堂总董戳记，襄办善堂绅董”。

年谱中，其后有一段备注：“上年（即光绪四年）十二月府君禀退总董后，沈丈映钤、吴丈兆麟、应姨丈宝时、金君日修函致龚太尊嘉儁，以善堂董事必待愿意，始可举请。必无其人，果有其人，绅等亦断不敢举等辞。官绅观望将近一年，府君与徐丈恩绶会名戳记五月即已缴还，势成悬宕。”[1]

由此可知，丁丙于光绪四年（1878）十二月因善堂经费不足，来源无法解决等原因禀退善董，光绪五年（1879）五月交还戳记，避去上海，信札中道“弟今年已将善董辞去”，故应写于光绪五年正月廿三。

1　丁立中．先考松生府君年谱 [M]// 周膺，吴晶．杭州丁氏家族史料：第 2 卷．北京：当代中国出版社，2016：292.

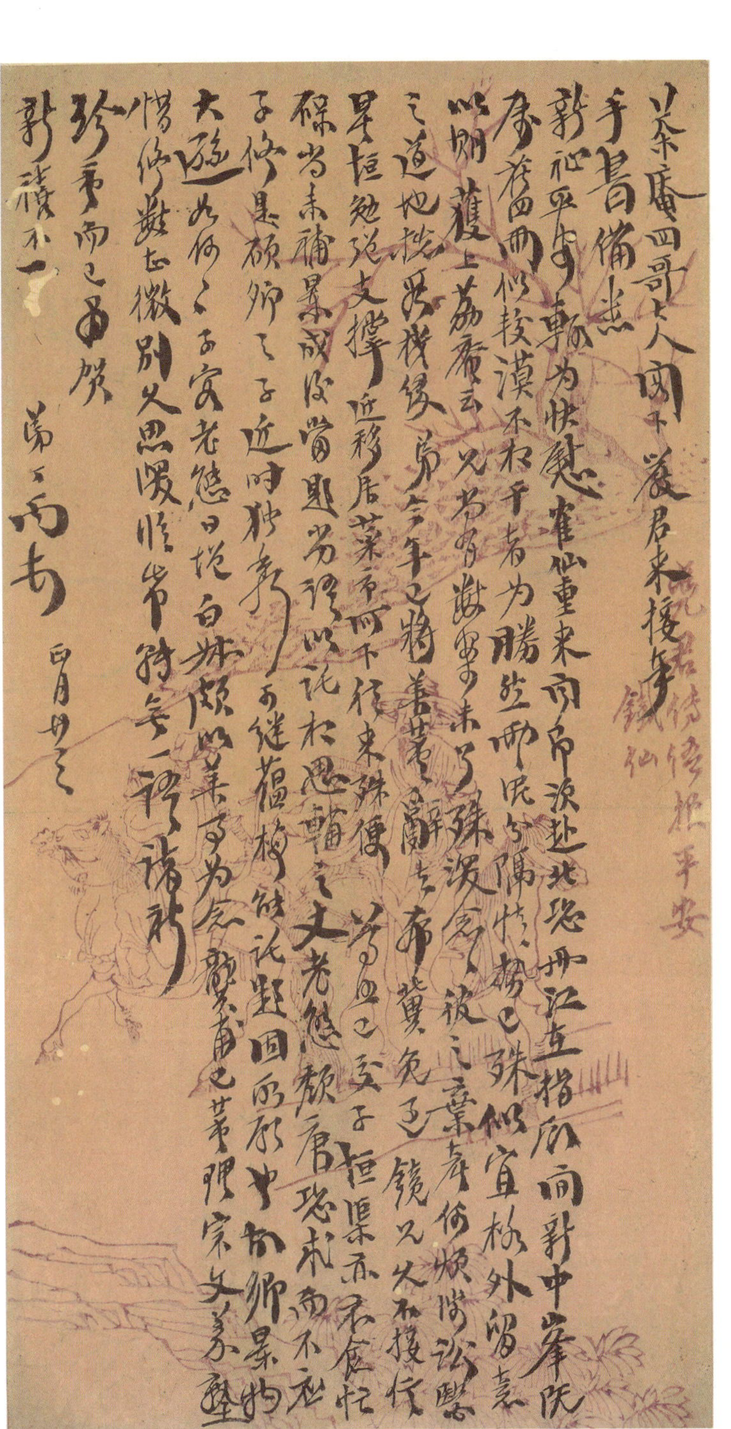

图6.4 丁丙致高茶盦信札四

丁丙致高茶盦信札五

释文：

茶庵四兄大人阁下：

多时不接信，顷得手示，并读大作，功颇加于往昔。惟尊照仍在，依稀之间，霜髭数茎，令人慨然。已交紫垣补景，随后当题劣诗于别纸也。春浦处都转幕，由廪捐教，近加升衔，有子有女，颇足自给。下段路遥，两年来见不十面，见亦仍在上城途中。《杭郡诗》初、二辑已刊成，弟所续三辑，人却有三千家，今秋编次粗定。惟细看小诗，颇不惬心，尚拟托人改削。旧时髫友，半入其中。如兄者，又不能就近商量，如何如何？星垣四洋已交去，回信借上。日内要移居菜市河下，往来尤近。尊府大厅旧基近新造小屋，租住多家，不知何人构此？每一过门，辄忆二十年前景味。棻师作古，益少瞻依。一生行谊，又以笔劣不能撰述以扬美善，拟稍暇，草稿就正。姚柳湖不见二十年，前日忽来，据言到过尊寓课读，想闽中亦难插脚。镜仁兄夏间来信，得其一孙，差堪慰藉。现仍处姚叔英观察之馆。陶庵夫人遭此拂意，又患腹胀，殊可悯也。兄至性都美，惟有时意气用事，自是大醇中小疵。遇此失意者，尤宜格外恤之。所劝服药调治，极是极是。宰平丈今年不委监院，进帐殊薄。粪甫现管宗文义塾，脩数虽微，乡誉颇佳。白叔在杭，时患目疾。仲奇有远志，现在张家口奉李爵相札开银矿，垫用万余金，近闻得有铅苗，能铅后获银，富而且贵矣。故乡光景穷迫愈甚，生意萧然，盗贼公行。前日七龙潭未晚抢绸，刃伤事主，至拔簪夺钱，则遍处皆是，城外更无论矣。弟今年与沈辅之、吴云轩、应敏斋、胡枫江、吴子修、盛恺庭结吟社，昔则有诗少题，今则有题无诗，时时旷课，可知其俗氛扰扰矣。肃此，顺请大安。

弟丙顿首。十一月。

春浦，即杨春浦，名杨振镐，仁和（今杭州）人，官训导。通经文，工文章，居住在杭州四眼井，为丁家邻居。

棻师，即杨棻园。

宰平，即高学治（1818—1898），字叔荃、荃甫，号宰平，仁和人。为学不分汉宋。曾任乌程训导、石门教谕。与劳氏兄弟、周学汝、许正绶、戴望多有往来。晚年主东城讲舍院长。[1]

吴兆麟（1807—1887），号锈轩，字书瑞，浙江钱塘人。道光十二年（1832）举人。曾任内阁中书，军机章京。同治时任江西盐吏，署按察使。

沈印钤，号退庵，字辅之，浙江钱塘人，道光十三年（1833）进士，官至韶州知府。

胡凤丹（1823—1890），字月樵，浙江永康人，诸生，官至湖北粮储道。

吴庆坻，字子修，一字敬疆，吴兆麟族侄，光绪十二年（1886）进士，授编修，湖南提学使。

应宝时，字敏斋，永康人。道光二十四年甲辰（1844）举人。庚申寇逼苏城，独承解银二十万于浙藩库。以功授苏松太道。他置永康义庄，复钱江义渡，历筹晋、豫、顺、直灾赈。殁赠内阁学士衔。[2]

信札中提到的东轩吟社是活跃于道光年间杭州的诗社，有《清尊集》为其社集；与之相较，清末光绪年间的铁花吟社，虽为当时相当重要的的杭州文人社团，却没有专门的社集刊印流传。故对于铁花吟社的参与者、创设时间及文学创作等内容的研究均不明晰，只能从成员吴兆麟的《铁花山馆诗稿》、丁丙的《松梦寮诗稿》、吴庆坻的《蕉廊脞录》等作品中寻觅痕迹。

"弟今年与沈辅之、吴云轩、应敏斋、胡枫江、吴子修、盛恺庭结吟社"，明确指出了铁花吟社的七名成员。据吴兆麟《铁花山馆诗稿》记载，"二月朔日，招沈辅之、盛恺庭、应敏斋、胡月樵、丁松生、吴子修，集铁华馆，以'东风二月禁门莺'分韵，得风字，恺庭以疾不至"，[3]与此相吻合。大约以追慕竹林七贤为初衷，故七人于光绪戊寅二月结社。[4]则此信札的写作时间应为光绪四年（1878）十一月初八。

1　谭献，罗仲鼎，俞浣萍 . 清故台州府学教授高先生墓志铭 [M]// 谭献集 . 杭州：浙江古籍出版社，2012：316.

2　丁立中 . 乐善录 [M]// 周膺，吴晶 . 杭州丁氏家族史料：第 3 卷 . 北京：当代中国出版社，2016：220.

3　吴兆麟 . 铁花山馆诗稿 [M]//《清代诗文集汇编》编纂委员会 . 清代诗文集汇编：625. 上海：上海古籍出版社，2010：433.

4　祁高飞 . 铁花吟社及其文学创作 [J]. 齐鲁学刊，2012（5）：130.

私……

中亦难插脚。镜仁兄处前来信，得其一二，差堪慰藉。现仍雲(?)
妹岳祖谿之馆。陶广夫人遭此拂意，又患腹胀，殊可悯也。
兄至性郭(?)美(?)，惟当时意气用事，自是大醇中小疵，迩此出意(?)
甫，尤宜於格外体之。所劝服药调治，极是极是。宰平丈今年
不来，盐院进情殊薄，聂甫观察宗丈兼聂修数簿(?)，徽乡尽(?)
称佳。白妹在杭时，患目疾，仲青当远走，现在张家口奉(?)。李尧(?)阶相
札(?)前次见示，扶生(?)外(?)苏(?)始至，近向得诗，当铅苗(?)铁铅，设获银富而且
贵矣。故乡尤(?)果(?)穷，乃迫(?)于左(?)生意(?)，兼之盗贼公行，前日七箴(?)谭(?)来(?)晓(?)
捨(?)铜(?)刃伤了主，至於拔簪寻钱，则遍处皆是，城外更无论矣。弟今
年与沈辅之、吴云轩、应敏斋、胡枫江、吴子修、盛恺庭结吟社，前则有诗
少题，今则有题无诗，时时旷课，可知其懒气(?)之……矣。专此肃行
大安
弟丙(?)顿首(?) 十月初八

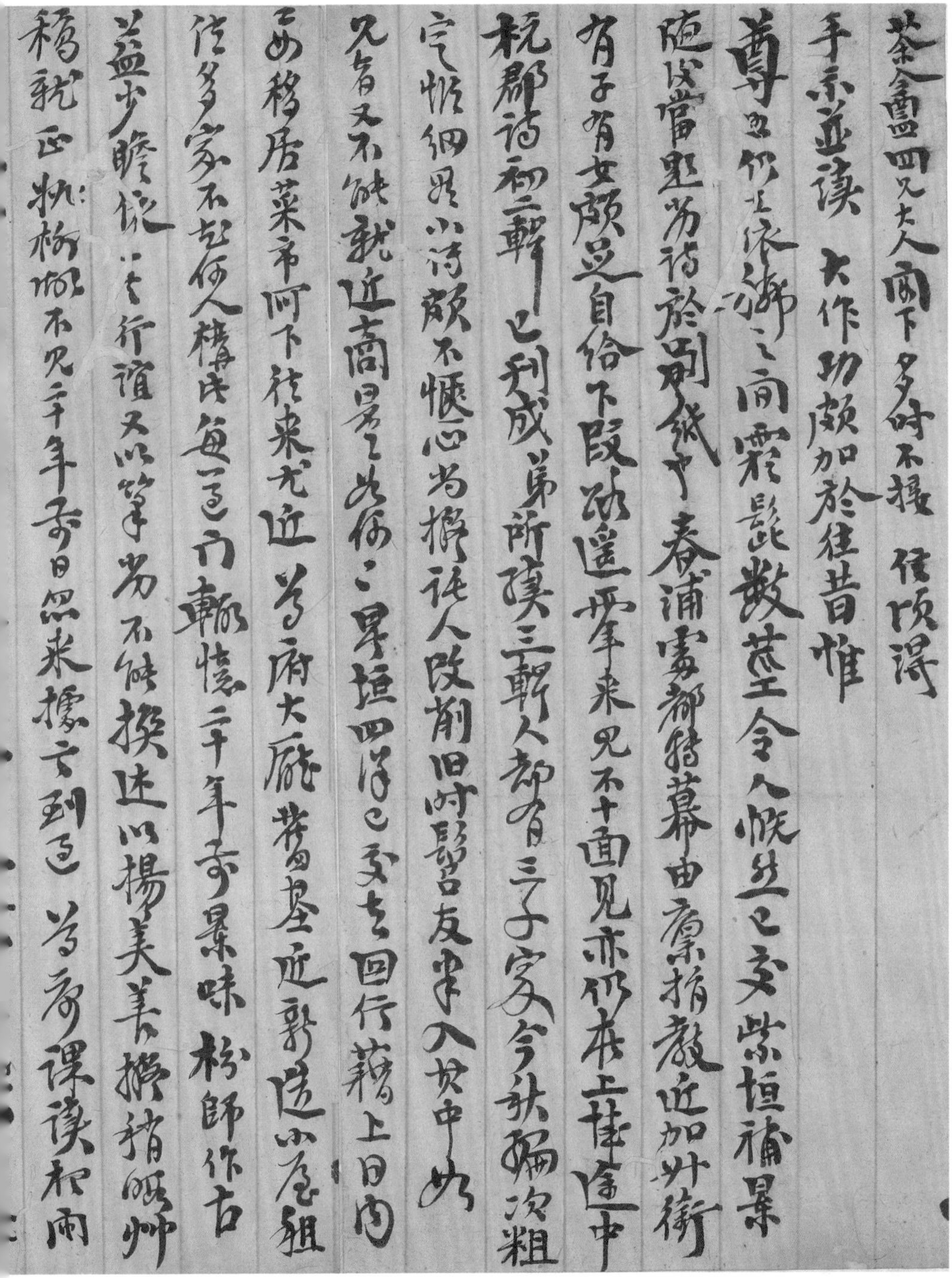

图6.5 丁丙致高茶盦信札五

丁丙致高茶盦信札六

释文：

茶庵仁兄如手：

两奉大示拜悉，应复应陈，一一列后：

一　援兵既少，且粮台又不能应发急饷，殊愧殊愧。日祝得差而已。

一　荔庵经张调梅捐医资，饭食由常，延以施诊，近已三月矣。

一　柳湖虽得小馆，而今年新生之子忽殇。杭州幼孩，今夏甚多夭亡。

一　子容并不坐院上之馆，子瞻其误闻乎?

一　星垣勉强支持，乃共之衰自不必说。惟盼孙屡虚，为不乐耳。

一　镜仁兄闻由夏子松荐一乾馆，去见之后，几乎中风，久无信来。

一　叶退之之子淮生已挈眷回杭，韩俊伯夫人已故矣。

一　姚叔英署外道，近想卸事矣。

一　倪耘劬来，弟报效书四十余本、劣诗三章。惟要抄旧作则藏拙矣。

一　枌师没一年矣，弟竟无一诗以挽，罪可逭耶? 兄梦殊异，盍请为诗以纪乎?

一　写信至此，接镜兄信，附到致兄一函并属买《鉴略》，一并奉上。此布，即请台安。

弟丙顿首。八月初二。

因信札中写道“枌师没一年矣”，可知本信札写于光绪五年（1879）八月初二。

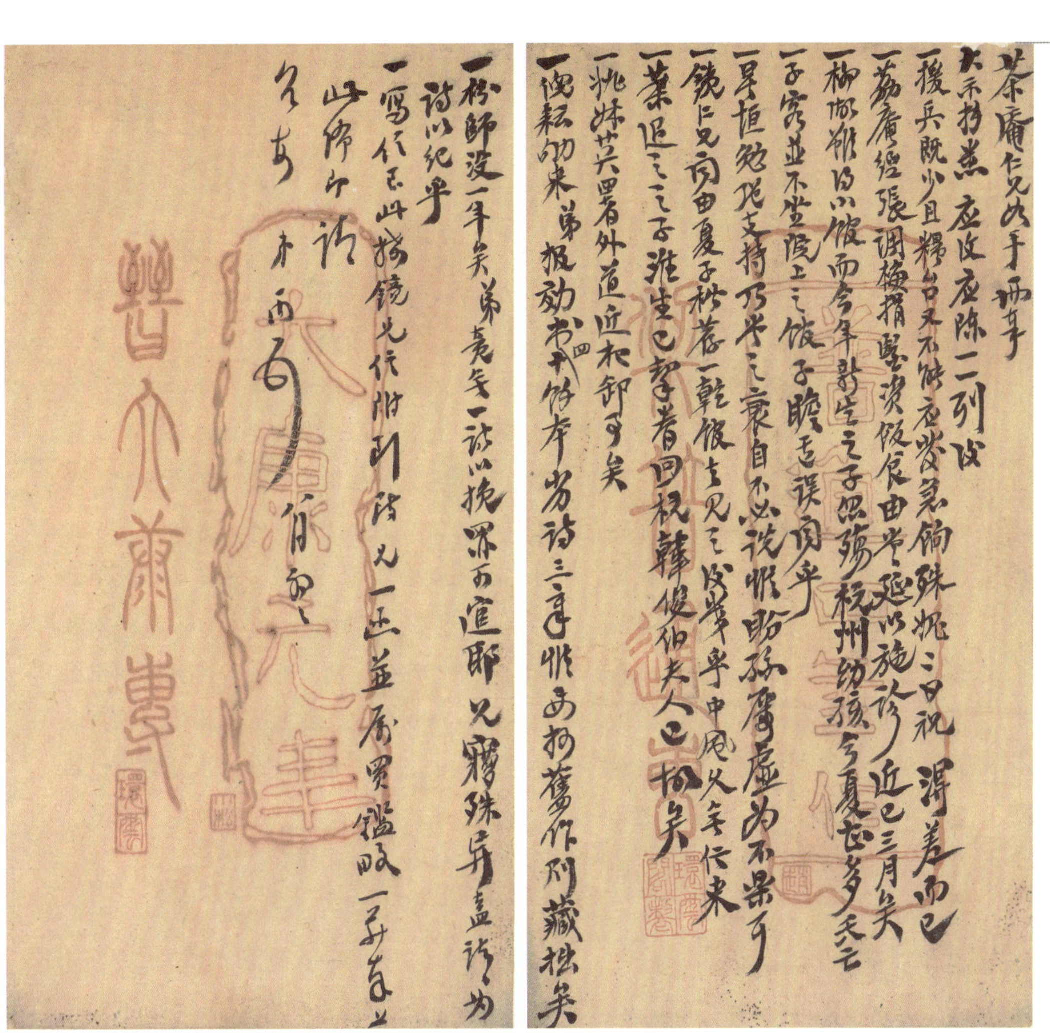

图6.6 丁丙致高茶盦信札六

丁丙致高茶盦信札七

释文：

茶庵四兄大人阁下：

前由魏稼兄寓中转递小函，亮可台览。嗣闻荣代将乐簾缺，以未得尊函为疑。后有传称严大兄有信来言，始觉代为欣然，惟不知能改“代”为“署”否？弟自前闻兄与邵君一节为令威所嗤，辄为代忧。继闻得缺，又为代喜。然先见嗤而后见赏之故，迄未得知。如果欲扬先抑，固属大妙。特恐本有抑意，故作反笔之扬，使露一二痕迹，得以逞其抑之之实，则大惫矣。此草野迂拙之想，特爱冒昧贡愚，幸恕而纳之。总之，事事留意，况州县虽自己留意，尚扯不得直耶。镜仁兄来信云，有一信径递候官转交。又照样一信，由舍侄都中寄稼孙转递，二者想必一得。吉甫甥在京入闱能捷，大妙。镜兄衰态日增，第恐归来不比前数年之易为没法，不归又久客，殊非计。今年各处水旱。不时，浙省何幸，而尚不大歉。无如教匪日炽，纸妖，压人、剪辫、打印，谣传，两月有余。前数日湖州因私枭滋事，日来临安因棚民滋闹，乱机萌动，殊切杞忧。各业生意冰清，机户以丝贵绸贱而滞，市上有停织之意，兄亦可知大较也。子容不赴试，出月娶媳。弟碌碌如恒，无善足述。乘性之兄归省之便，草此，布贺大喜，并请升安。不具。

弟丁丙顿首。三十日。

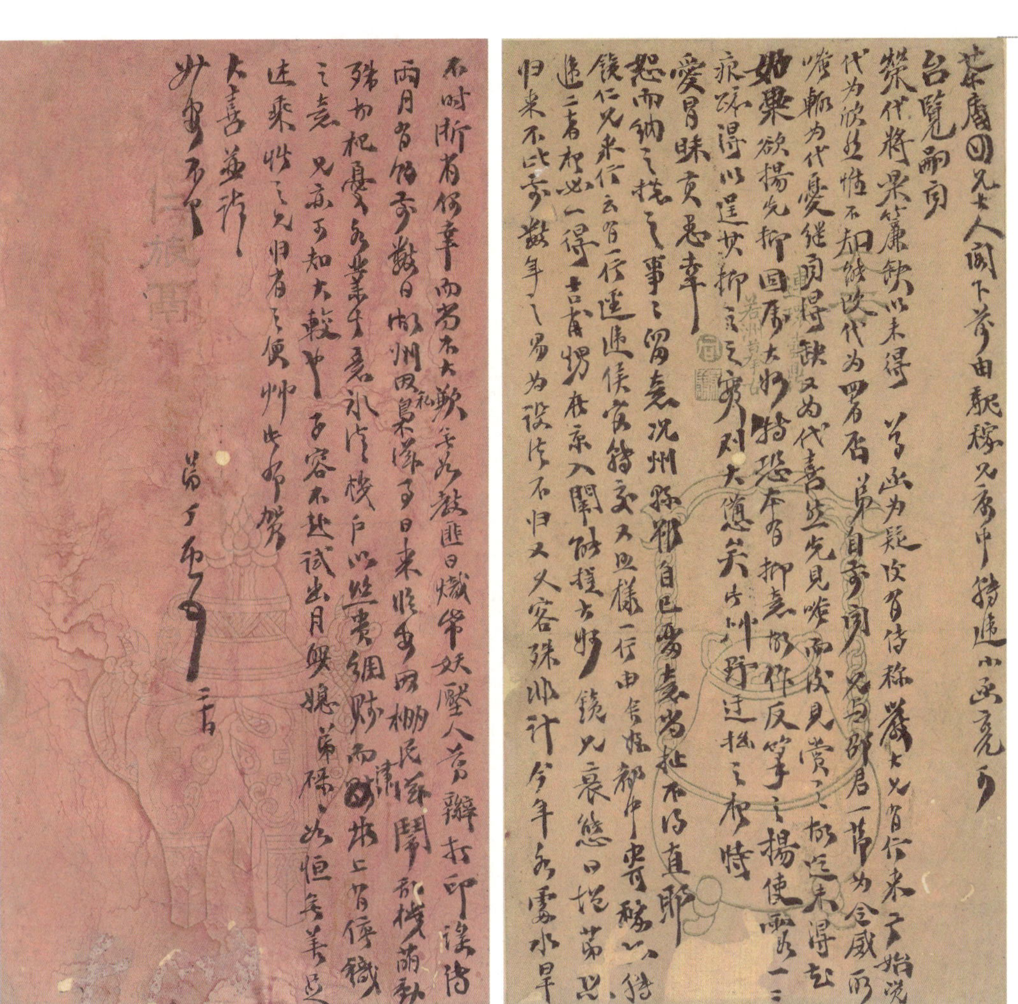

图6.7 丁丙致高茶盦信札七

二、丁丙致叔迟信札

高行笃（？—1885），字叔迟，高均儒之子，秀水人，工篆刻。丁丙《善本书室藏书志》卷五，著录《复古编》二卷，精写本，并称其影写笔法入古，可宝也。丁丙刊印的《西泠五布衣遗著》中有两种为其代为校刊：一为《柳州遗稿》，一为《冬花庵烬余稿》。

丁丙致叔迟信札一

释文：

五兄大人大孝：

送别后天时大热，接铭翁复音，始稍稍放心。日来想厝事早安，去淮诸从已成行否？潡寓如何布置？念念。昨爽兄云，接令岳信云，兄禀到事已办妥，有促兄旋淮之说。弟恰日前复过令岳及小坡、礼北两君各书，云兄仍拟台州迁榇潡上，办葬事毕，甫能回淮云云。慰公闻于七月十二日由杭赴金陵。仲英兄寄到朱信一件奉上。十五日晨送灵柩上船，照单惟吴祁甫、许子重两人不到，特以原单寄上。此询礼祉。

丙顿首。初二。

高均儒（1811—1869），字伯平，秀水人，叔迟父。曾在杭州东城讲舍主讲。高均儒是最早协助丁丙刊刻丛书的学者。太平天国军队攻打杭州破城后，高均儒流徙逃亡；至同治二年，在淮生活安定后，主持校刊了丁丙的第一部丛书《当归草堂丛书》。《当归草堂丛书》多收理学著作，也与高均儒是当时有名的儒学者，治经专三《礼》，笃守程朱之学有关。

“爽兄”指袁昶（1846—1900），字重黎，号爽秋，浙江桐庐人。光绪二年（1876）进士，历官至太常寺卿、历官户部主事、总理衙门章京，办理外交事务，后任江宁布政使，总理事务衙门大臣。光绪二十六年（1900），直谏反对用义和团排外而被清廷处死，同时赴刑的还有许景澄、徐用仪等四人，史称“庚子五大臣”。《辛丑条约》签订后，清廷为其平反，谥“忠节”。袁昶也是同光体浙派诗人的代表。有《渐西村人集》《袁忠节遗诗》。[1]

此函上款为“五兄大人大孝”，高均儒于同治八年（1869）夏天过世。同时又写到“慰公闻于七月十二日由杭赴金陵”。同治八年浙江巡抚马新贻调任两江总督，他对薛时雨颇为器重，故聘请薛时雨为江宁尊经书院掌教。薛时雨考虑江宁（今南京）距离家乡全椒不过百二十里，于是欣然前往。两个事件的时间点相符。故本信札的写作时间为同治八年夏以后。

1 张廷银．晚清藏书家丁丙致袁昶手札 [J]. 文献，2007（4）：133-144.

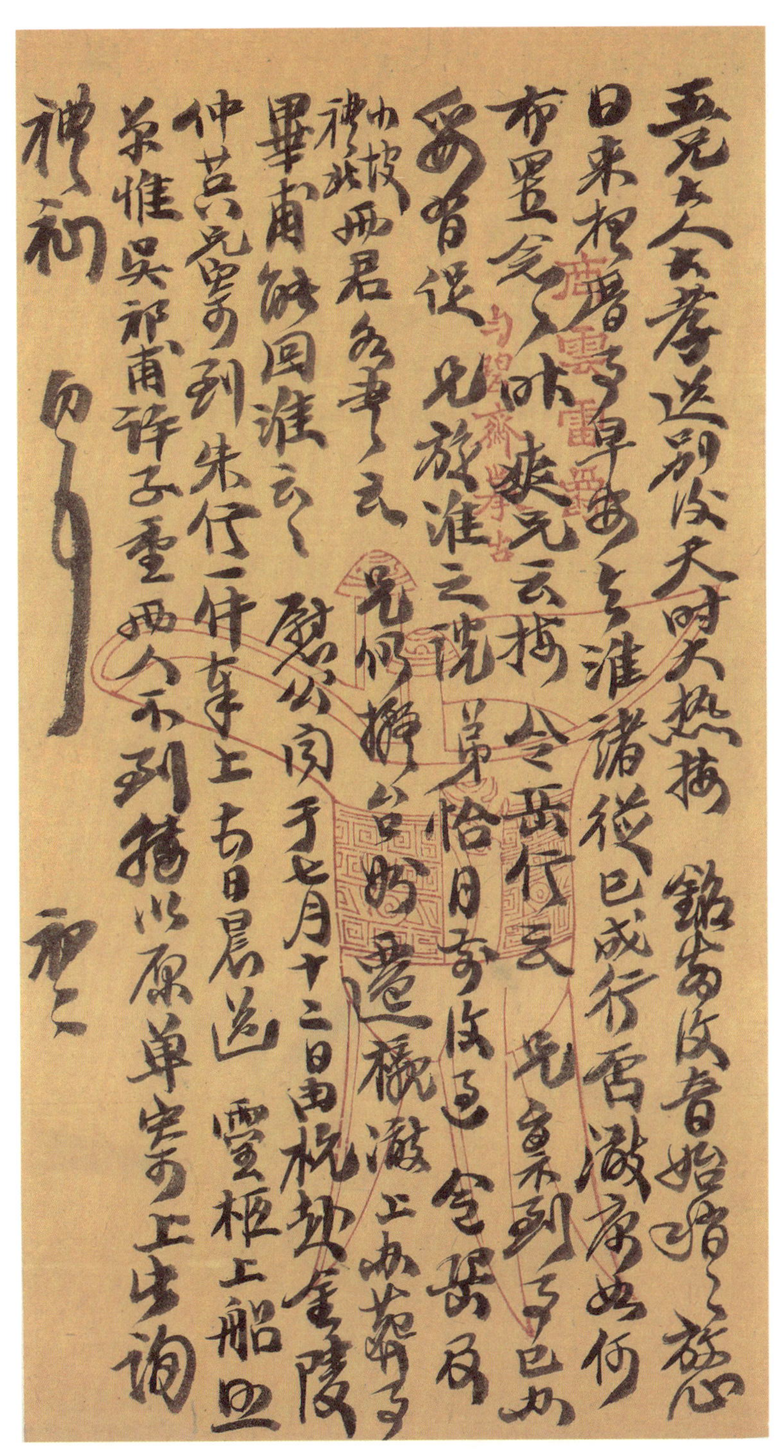

图7.1 丁丙致叔迟信札一

丁丙致叔迟信札二

释文：

叔迟五兄大人读礼：

前船友转奉复一片亮察。两接十九、廿一日示，具悉。各信均转递寄余。墓碑录奉，此拓拟归尊臧，俟秋驾来时面交。陈生哀辞和吴制府雪诗暨刊当归本各书跋语，如须抄稿，示之，当次第照上。尊抄先集二十余篇，请将目录掷寄，俾知其所阙而搜补也。爽秋信借上其洋弟仍收讫。淮浦通信否？浙志如何？

此问苫次无恙。弟丙顿首。廿六日。铭文前请安。

丁丙的第一部丛书《当归草堂丛书》为高伯平帮助刊刻，其过世以后，丁丙写给叔迟（高行笃）的书信，一方面商讨有关高家丧事、停柩事宜，另一方面商议高伯平过世后，书籍继续刊刻的方法和问题。

手札在结尾处写到“苫次无恙”。高均儒卒年五十八岁。据此推定，手札应晚于叔迟父亲高均儒过世，即同治八年（1869）夏季以后。

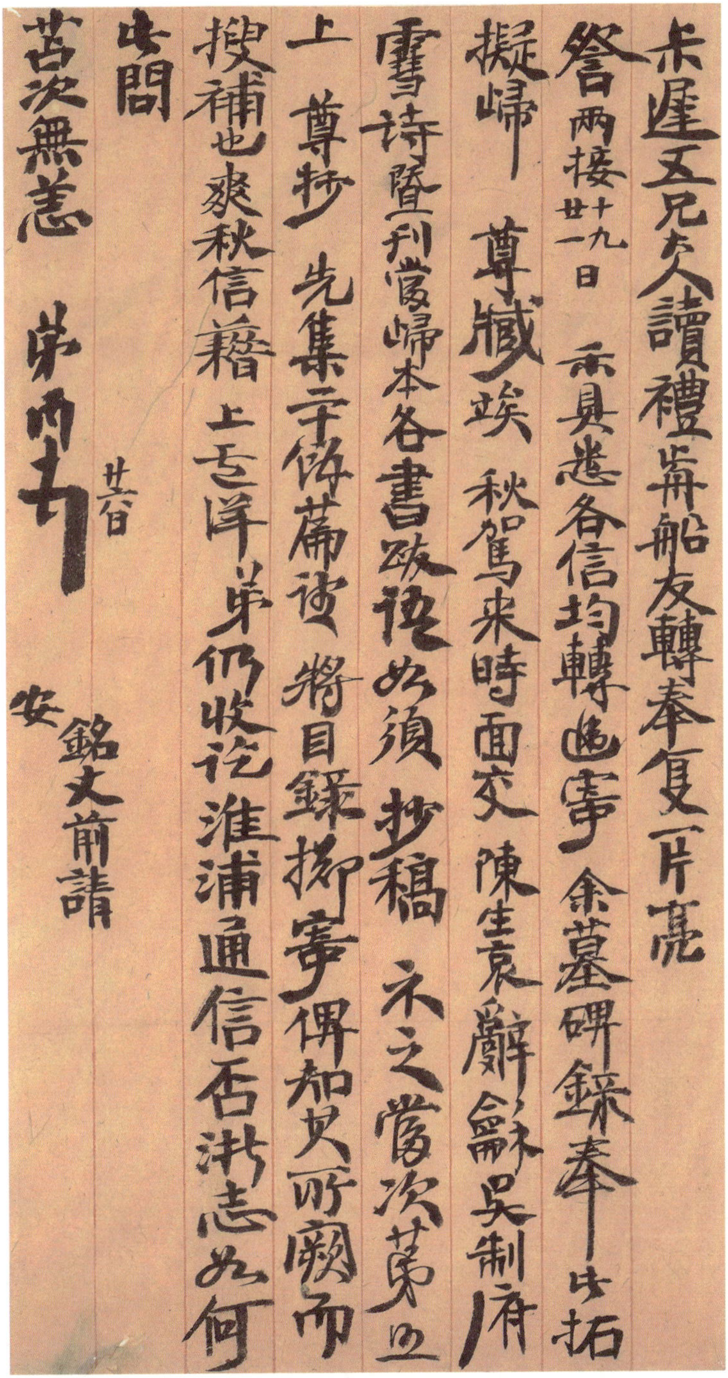

叔遲五兄大人讀禮 [illegible]船友轉奉復一片，亮

詧兩接十九、廿一日 示具悉，各信均轉遞事。余墓碑錄奉 上拓，

擬歸 尊藏，竢 秋駕來時面交。陳生袁辭餘吳制府

舊詩暨刊賞歸本各書跋語，如須 抄稿 示之，當次第迻

上 尊抄。先集予[illegible][illegible]讀，將目錄擲寄，俾加覓所闕而

搜補也。爽秋信籍 上，乞詳。弟仍收訖。淮浦通信否？洪志如何？

見問

苫次無恙 弟丙頓首 廿谷

銘文前請

安

图7.2 丁丙致叔迟信札二

丁丙致叔迟信札三

释文：

叔迟五兄大人阁下：

第二月初八日发信之后，未经续奉。顷拜月之七日惠书，具悉旅程多吉为慰。铭斋先生东城一席居然俯就，殊深慰幸。惟此刻尚是遥祈，弟意下半年总得到杭一次，一与伯敏观察一叙，一则总算到院。彼时从者回籍起服，或可从侧怂恿耳。唐文既难完功，又兼注疏汗青无期，而校雠与雕梓者不患无事矣。弟因松周有事，并以文庙乐器常往来于苏松之间。舍下均好。杭州二月廿九大雹，所损甚巨。本月廿二，越中亦雹，并有所伤，灾异其可畏哉！肃此，奉颂台安。

弟丙顿首。

三月杪发自松江。

"铭斋"即张铭翁，又称张铭斋、张鼎。吴庆坻《蕉廊脞录》卷三记载："杭州东城讲舍，薛慰农太守创设，制义外兼课经解诗赋。太守去官，即主讲席，继之者为海盐张铭斋先生。"[1]

手札中提到"铭斋先生东城一席居然俯就"，同时丁丙仍旧在松江，尚未返杭，"并以文庙乐器往来于苏松之间"。《先考松生府君年谱》记载，丁丙监造杭州府学礼乐器"始于九年六月，告成于十年七月，时当中秋"[2]。则此函时间应为同治十年（1871）三月末。

1 徐永斌．明清时期杭州的文人治生 [J]. 安徽史学，2010（3）：8.

2 丁立中．先考松生府君年谱 [M]// 周膺，吴晶．杭州丁氏家族史料：第 2 卷．北京：当代中国出版社，2016：275.

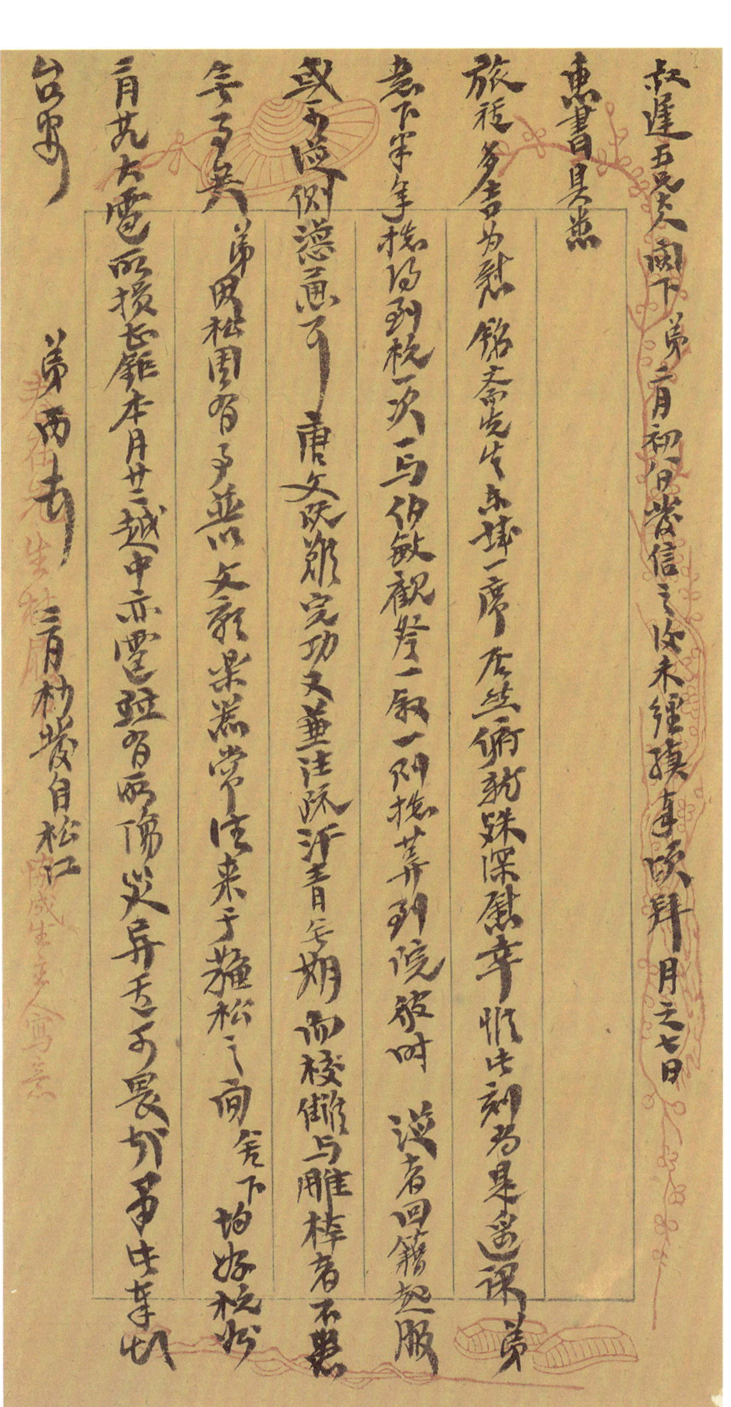

图7.3 丁丙致叔迟信札三

丁丙致叔迟信札四

释文：

叔迟五兄大人阁下：

前复一函，亮察照。函内所陈《韵会举要》无所藏，后复查，有之，然仍是明刻，恐无足当精求之意。奉初二示拜悉。承惠《吕语集粹》，谢谢。越酒购而乏便，仍存原店。金腿四只，乘曹公之便带，祈照收。《复初文集》两部阅价每四元，今减为九折，存尊处觅销，勿亟勿强。此书虽有板，同于无板，刷印极难。稼孙服膺覃溪，意在流通此书，故百计求印，非牟利也。此请台安。

弟丁丙顿首。十五日。

"稼孙"指魏锡曾[1]。

李慈铭（1830—1894），字炁伯，号莼客，浙江会稽（今绍兴人），光绪进士，官至山西道监察御史。[2]其读书笔记《越缦堂读书记》中记载，其在光绪五年（1879）己卯四月三十日读到了新书，"节子赠闽中新校正翁覃溪复初斋文集，是集本覃溪门人侯官李兰卿兵备彦章所校刻，未半而殁，故集无序跋。今年兵备子以烜于钱唐丁松生丙处，得所藏覃溪诗文手稿三十六巨册，属仁和魏稼孙锡曾补校印行，惜其诗尚未刻也"[3]。

《复初斋文集》光绪本以丁丙所藏覃溪诗文手稿册为底本，由魏稼孙在光绪三年（1877）补校印行，丁丙将刊刻完成的《复初斋文集》存于高行笃处觅销。故手札的写作时间可能为光绪三年至光绪五年前后。

1　本书上编之《充栋缥缃，随身笔札》一文中已介绍过魏锡曾其人，读者可移步至本书第 44 页。

2　钱仲联．元明清诗鉴赏辞典 [M]. 上海：上海辞书出版社，1994：1705.

3　李慈铭．越缦堂读书记：中册 [M]. 北京：中华书局，2006：1050.

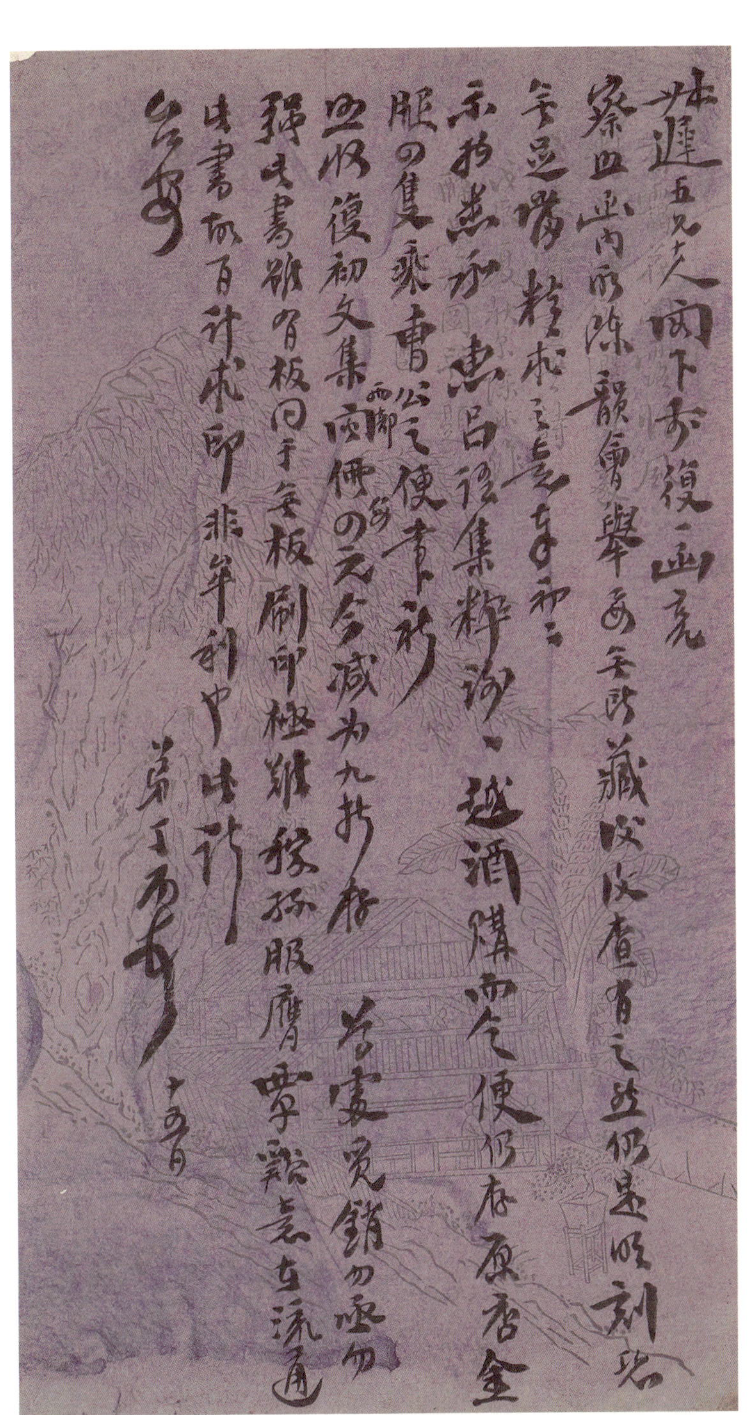

图7.4 丁丙致叔迟信札四

三、丁丙致琴西信札

孙衣言（1815—1894），字绍闻，号琴西，晚号遁坡，斋名逊学，浙江瑞安人。道光三十年（1850）进士。授编修，光绪间官至太仆寺卿，寻以疾乞归。生平努力搜辑乡邦文献，刻《永嘉丛书》，筑“玉海楼”以藏书。有《逊学斋诗文钞》。

丁丙致琴西信札

释文:

琴西先生大人阁下:

自睽道范，岁虽两更。每企鸿仪，时殷鹤跂。嗣闻旌旗南下，屏翰江淮，远瞻薇署之尊严，惧上草野之简牍。乃蒙手谕亲颁，得使心仪浣诵。辰下敬维禔躬多福，勋业增隆，定符忭祝。丙蓬巷卑栖，竟日孤陋。今夏伯平先生遽归道山，凄动心脾。所幸讲舍及门，疾则就养无方，殁则殓含共视，私谥崇为孝靖，祀社群奉瓣香，不独慰泉壤之灵，弥以见风俗之厚。而嗣君叔迟五兄，倚庐读礼，卜窆有期，归兄骨于旅中，搜丛残之手泽，可谓克承先志矣。其遗稿至多两卷，俟编成后，叔迟必求椝政，丙当任校字之役。此间书局，七经已成其六，《通鉴辑览》闻明年仍拟刊行。金陵三史既已雕竣，未审续镂何书。粤版全史果能购出，即万金亦属便宜。承示，目前所亟，尤宜萃刻秘籍。卓论实足维系书城。丙处宋元人遗集亦近二百种，惟棉力何能任重，深有待于振兴斯文者也。永嘉著作《习学记言》《戴浣川集》，苕上陆存斋观察均有其书，想从者必与相识，自可借录。余如《薛浪语集》三十五卷，丙四处搜罗，至今尚短一卷，不知尊处有全书否?有则当拟借补也。杭州自先生与慰农山长移席之后，坛坫顿形阒寂，回首景徽侍教，云栖问禅，不胜停云之感尔。肃此，祗请崇安。伏维霁察，不具。

丁丙顿首谨上。家兄嘱笔请安。

信中谈及高伯平过世，高行笃接手书籍校对的情形，恰为叔迟信札做了注解。又与琴西商讨书籍互借事宜，还提供了陆存斋藏书的信息，为当时藏书家们互通有无的记载提供了佐证。此函可能为丁丙先行书写的草稿，颇多修改，大约待成稿后，再正式誊抄，但不影响文献的真实性。

伯平，即高均儒（1811—1869），字伯平，秀水人。

“椝政”即罗椝，号椝臣，浙江仁和人，为丁氏西宾。罗椝为丁氏校勘了大量书籍，并为多书编辑附录、补遗。

“陆存斋”为陆心源（1834—1894），字刚甫、刚父，号存斋，浙江归

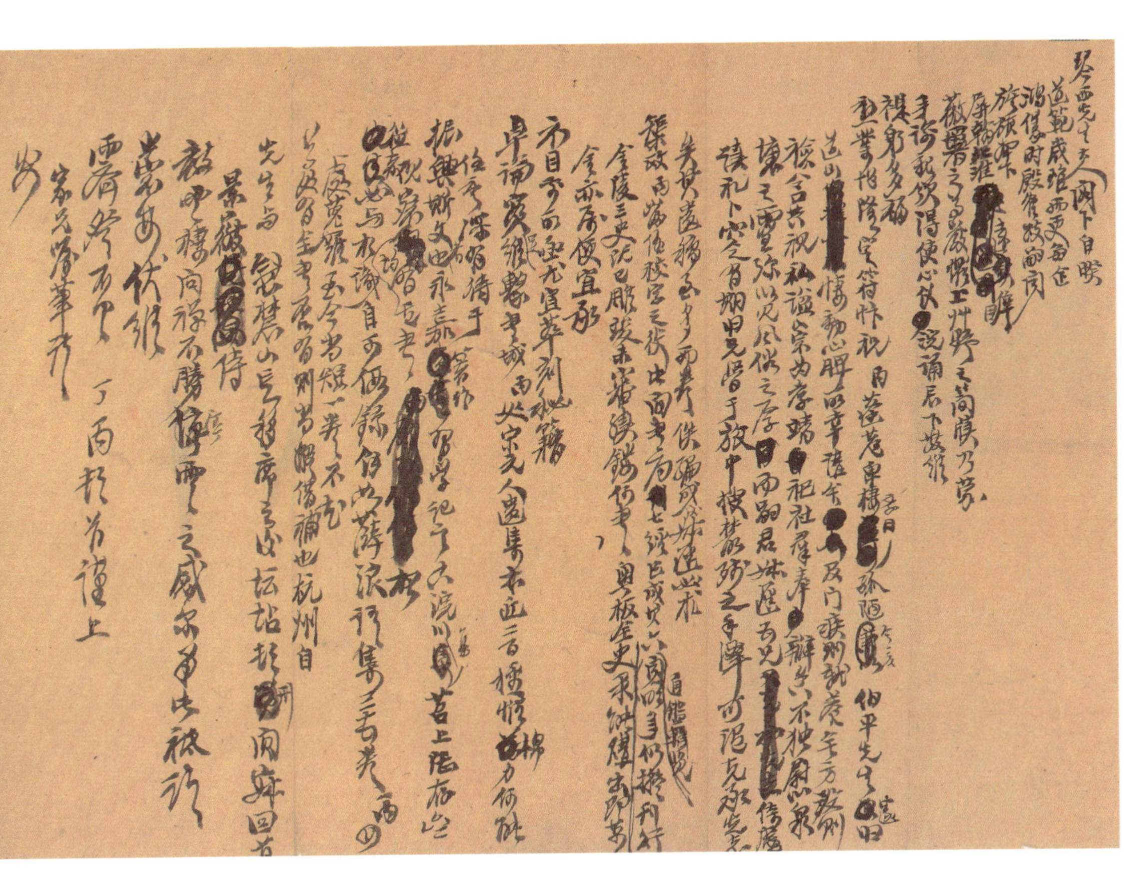

图8.1 丁丙致琴西信札

安（今湖州）人。咸丰九年（1859）举人，官至福建盐运使，多次剿平土匪，富收藏，筑“皕宋楼”“十万卷楼”“守先阁”三楼藏书，藏书超过15万卷，尤以宋版书著称。其皕宋楼与丁丙的八千卷楼，同列为清末四大藏书楼。两家的交往，也以互借书籍，鉴定和补抄补录为主。

孙延钊在1935年第一期《文澜学报》的《文澜阁嘉惠堂与玉海楼》即有记载：“太公初交双丁先生，在同治丙寅。时双丁先生方收拾故阁残典于烽烬之余，而公则主讲紫阳书院。”[1]孙衣言在清末官场久居要职，与著名藏书家丁丙、陆心源有相当不错的交情。丁、陆两家与孙氏父子之间均有通假文书、传抄借阅的情况。此手札正好对三人此间关系加以佐证。

文中感慨“今夏伯平先生遽归道山，悽动心脾”，亦通过高均儒过世的时间节点，给出此信书写时间为同治八年（1869）秋冬。

1　孙延钊 . 文澜阁嘉惠堂与玉海楼 [J]. 文澜学报，1935（1）：189

四、丁丙致慰农信札

薛时雨（1818—1885），字慰农，一字澍生，晚号桑根老农，安徽全椒人，清代咸丰三年（1853）进士，授嘉兴知县。太平军起，参李鸿章军幕，以招抚流亡、振兴文教为任。同治元年（1862），薛时雨至安庆拜谒曾国藩，慷论兵事，得曾国藩器重。薛时雨诱降嘉兴太平军将领投清，左宗棠奏请补授杭州知府，执掌浙江粮储道，赏赐顶戴花翎。同治三年（1864），清军收复杭州。薛时雨到任后，招集流亡，复兴生产，建东城讲学所。为同僚诋毁，调任乡试主考官，辞官不赴。遂主讲杭州崇文书院、江宁尊经书院、惜荫书院，主张经世致用，门生众多。

丁丙致慰农信札

释文：

慰农大公祖大人侍下：

月之初四日由丙寄奉小禀，并讲舍九月课卷四十六本，想邀察收。辰下敬维道躬亨泰、潭福增绥为颂。兹寄呈十月课卷四十五本，十一月课卷四十七本，请赐鉴收。分课一期，遵示预行，而收卷仍不能早，歉罪之至。叔迟兄一禀附呈电察，另致爽兄一信并书四本，祈转交为幸。肃此，敬请大安，不具。

丁丙叩上。

图9.1 丁丙致慰农信札

五、丁丙致蔚也、云庄信札

钱炳奎（1841—1877），字肇祥，号蔚也，浙江平湖人。同治六年（1867）举人。通三礼，尤精乐律，邑文庙乐器多其襄定。曾与庠生时元勋、监生戈为鹏（云庄）讲明文庙丁祭礼乐，圜桥观听，一时称盛。后师从刘熙载（1813—1881），病卒于龙门书院。

戈为鹏，号云庄。精于律吕之义。

丁丙致蔚也信札一

释文：

蔚也尊兄大人阁下：

伴送人于初七还杭，弟赴越，于初十日返舍。读示已悉，所示件今日面交五柳，并代达一切，俟其细看后再商进言。大驾赴吴门，能在月内前往更妙，冶工早得指示即可早铸。戈云翁务乞偕往，庶可互相视工催造。大驾到吴后，即乞示知并寓居仍否原处之地，以便令漆工作前来仿架式也。即请台安。

弟丙顿首。九月十四。

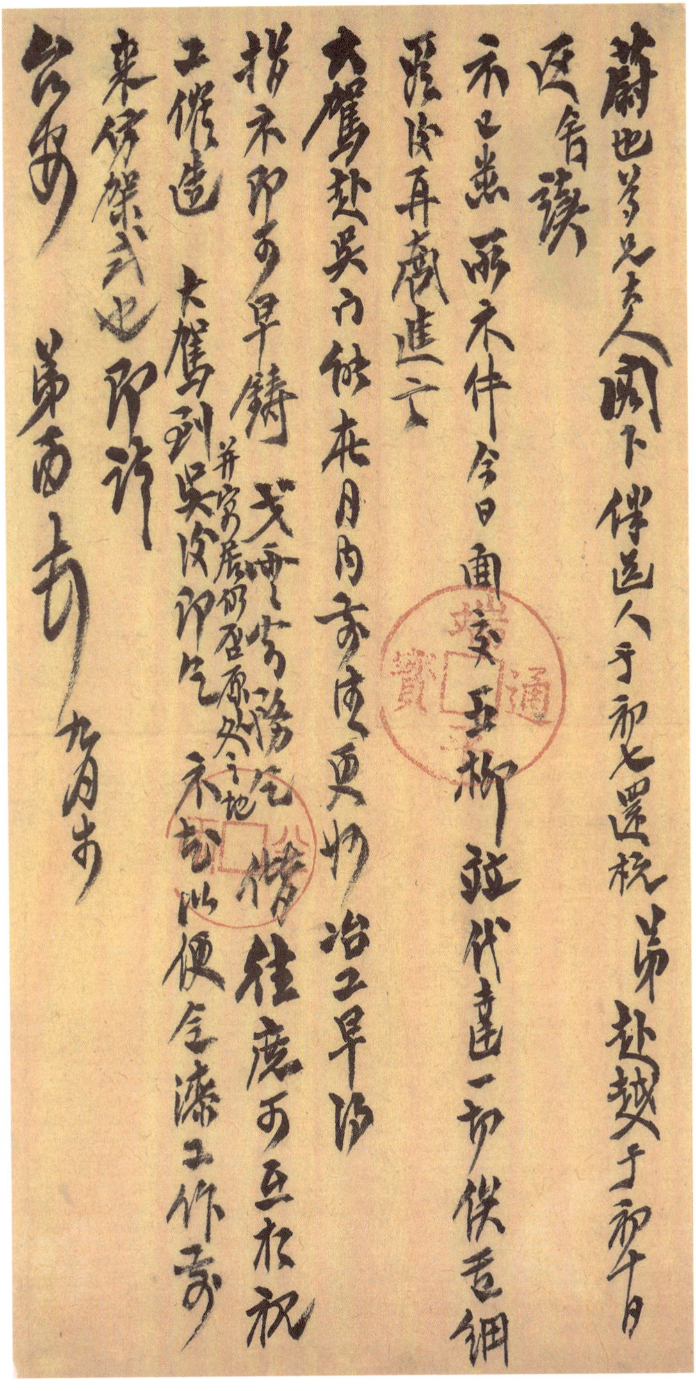

图10.1 丁丙致蔚也信札一

丁丙致蔚也信札二

释文：

蔚也仁兄大人阁下：

十四日奉上一函，亮登青睐。迩日未接手教，殊为念切。爵、勺款字式样，前约示其尺寸，魏舍亲出月初十前回闽，乞速示吴中冶工，计日内泥坯必有成就，花板亦可雕成，大驾似宜从速前往，俾察定熔造，即可呈初样也。到吴后飞请示知，以便令漆、木工前来。云翁想必偕行。子方兄晤后，迄未复谈。今科榜发，贵邑通屈，杭属亦寥寂之至。草此，布请台安。

愚小弟丁丙顿首。九月二十七日。

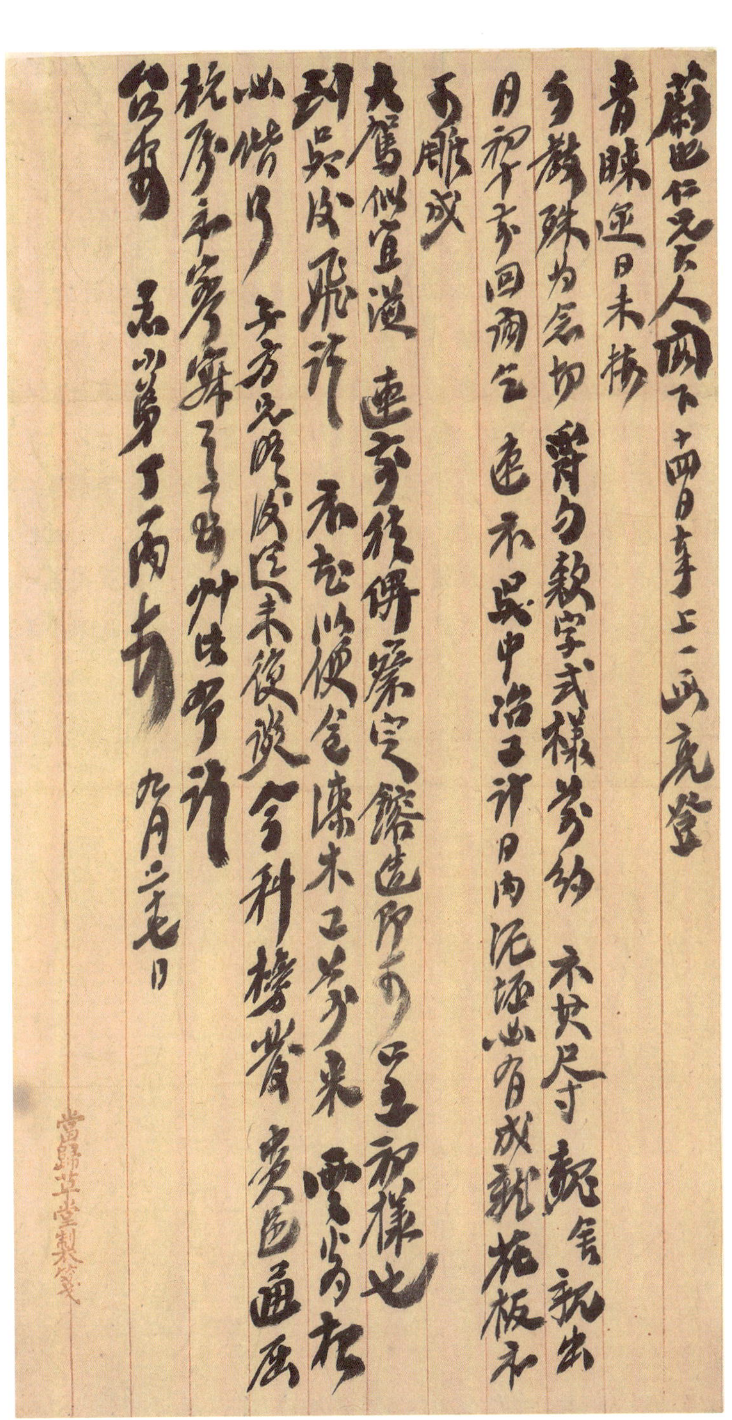

图10.2 丁丙致蔚也信札二

丁丙致蔚也信札三

释文：

蔚也仁兄大人阁下：

前奉手示敬悉，北堂起居欠和，想侍奉安康为祝。义古斋来催数次，泥坯云已做就，花样亦皆刻好，想日内正在审度，务乞精细之中略事通融。非弟草率，缘工匠无多，若一苛察，转多棘手。铸有成就，乞先示样，以便呈阅，可接请发款也。应舍亲书来云，黄梅翁各器允年内可齐，诚大妙事。然亦甚盼老兄，想到后必在考定，镈钟、编钟字样，倘须由杭觅写，请速剪样寄下，以便照办。所有爵勺字样已写就，俟大驾到苏，示到，即飞呈。李肇翁公祖新委慈溪，接办此事尚不知何人。可见此事全在迅速，方可为将来垂久请款地步。万一时移人易，即难得心应手矣。一切亮心照。陶君信去两次，尚无复音。中丞武闱无寸晷间，想一时未能进言耳。嘱转求书对亦就，专候抵苏信达即寄。近日感寒小恙，草此布泐，预留呈察。祗请台安。

弟丙顿首。十月十三日。

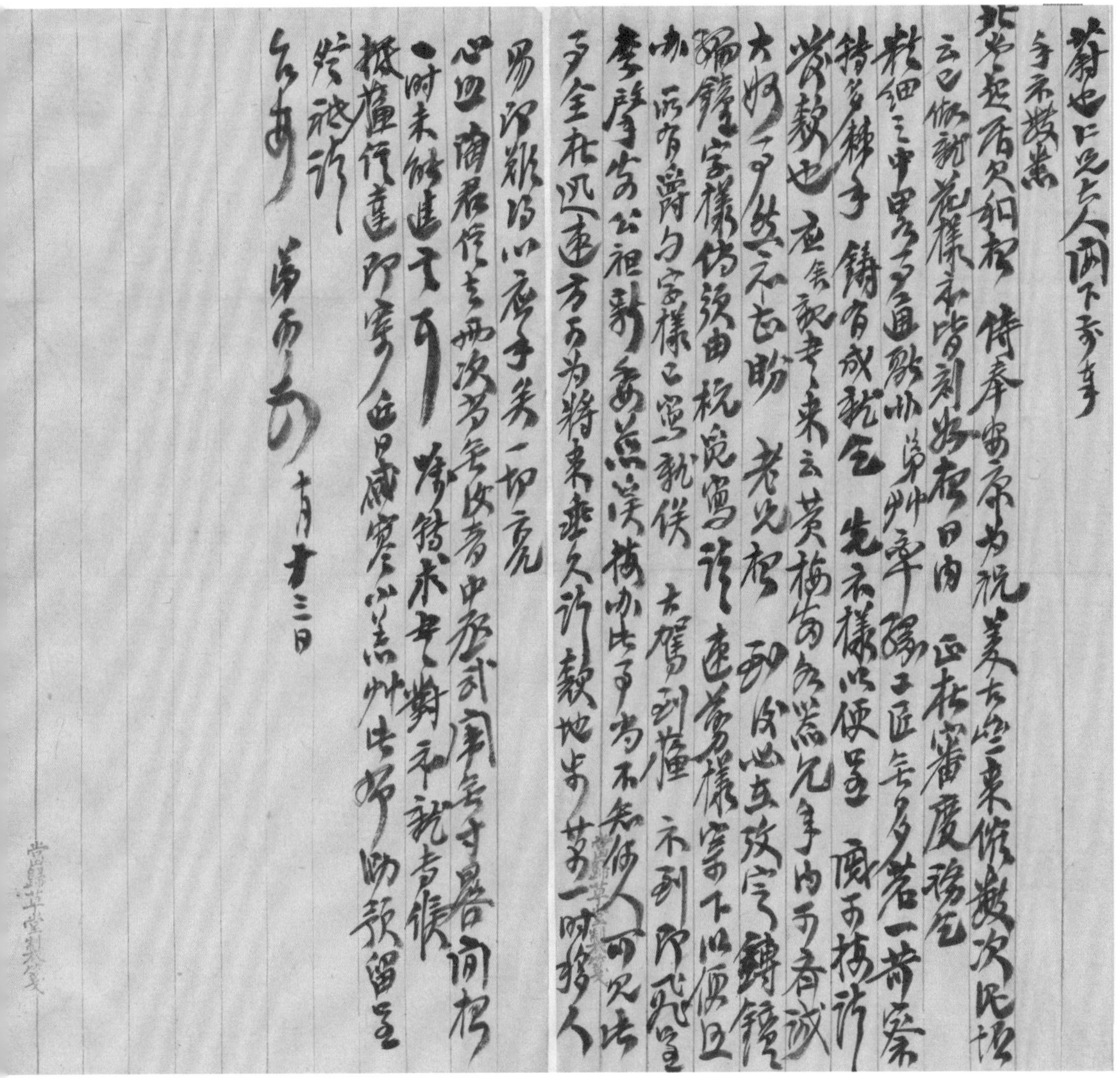

图10.3 丁丙致蔚也信札三

丁丙致蔚也信札四

释文：

蔚也仁兄大人阁下：

自奉十二日书，知十三启行，屈指十五，必抵吴中，故于十六日奉寄一函，并将爵款陶信及款对寄由程老师转交。迩日正盼来书，积思成疑，今始奉十九日巳刻书，悉驾已偕云翁安抵，慰甚。未知敝信曾否往局中返回呈阅？相去商略，已觉如此转折，洵乎成一事之不易耳！义古斋铜器，想必往看，如可照用，乞迅嘱赶铸。铸成之后，速为磨刮，加染古色，由局飞寄杭州，以便先行呈样。其爵、勺等款字，想已收到付刊。漆、木等作，自当嘱其即来，惟恐须月尾月头也。所示云翁出月初，舍侄吉期须旋，吾兄须偕之旋乎？似乎驻苏止半月余，即使漆、木速来，义古速铸，黄梅翁速办，恐未必能如此应手。云翁果须即旋，势难强留。吾兄只可稍待，一切得有端倪，庶弟得所遵循耳。并希随时拨冗示函，彼此知会为要。此布，即请大安。

愚弟丁丙顿首。二十一日。云庄先生均此道候。

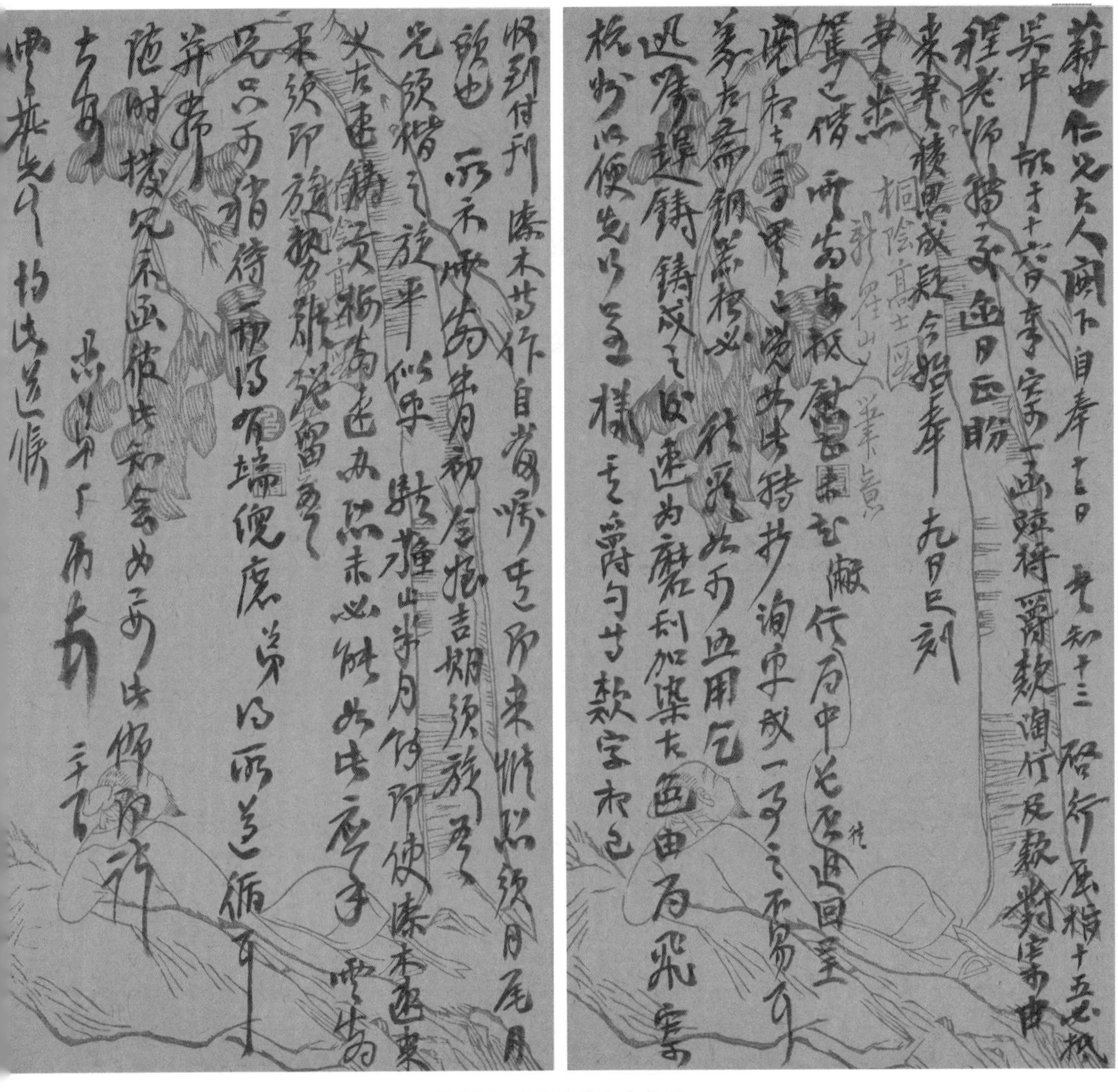

图10.4 丁丙致蔚也信札四

丁丙致蔚也信札五

释文：

蔚翁仁兄大人阁下：

昨奉小函，亮登青照。程老师退回之信，居然转来，特再呈览，特款对不免郁皱耳。义古之坯看过，何若？梅翁会过，一切如何？想均有示在途也。所托吴仲音兄转交之信，知已奉览，登、尊请赶嘱义古做坯，花样板如吴学可假更妙，款字拟亦能在吴中书更直捷耳。此请大安。云庄先生同此。

弟丁丙顿首。二十二日。

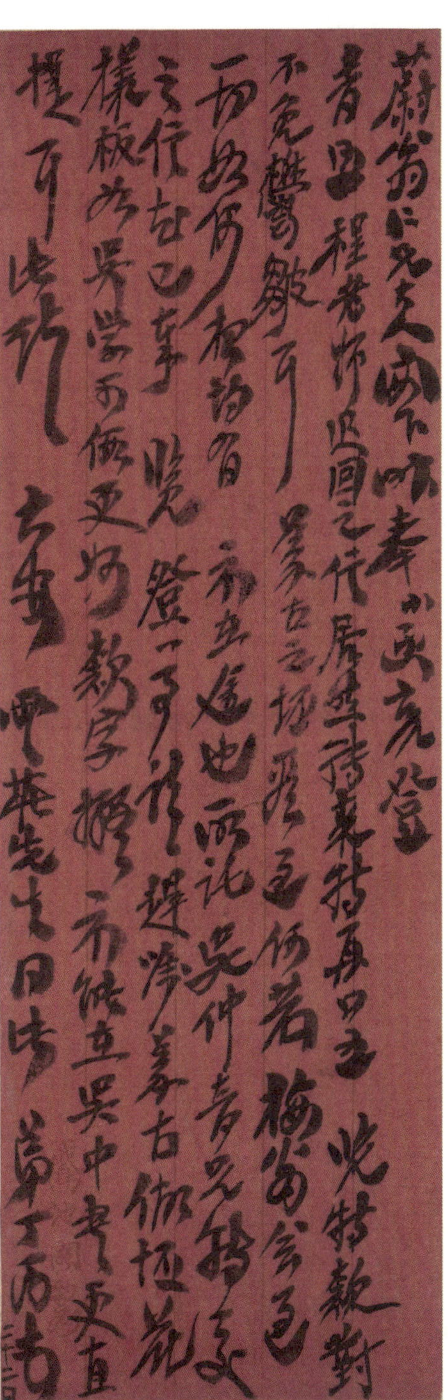

图10.5 丁丙致蔚也信札五

丁丙致蔚也信札六

释文：

蔚也仁兄大人阁下：

奉十七日书，已悉。承属当留意，惟急切不能预必也，义古爵料，弟因疡肝畏事，吴中又无切实可托之人，不知究竟如何耳？又奉续示，知小有曲折，所闻甚确。日前，永康果有书，致髯叟言及以田相易之美。信系露封，弟即将此段删去，另倩人摹写投之，并以堂院批致照永康言及所以改写改投之由，似前途虽有此曲折，妄想中间已将曲折扯直矣。另录郡文，亦是正办，惟愿晓兄到郡早了，幸甚祷甚。弟遥遥无从为力，惟寸衷默祝三鱼灵爽垂庇而已，有端倪后祈示慰。晓兄处不另通信，其初八日所赐一信已照收矣。此请大安。

器碑三份乞转交戈、王两君外，余归兄处。

弟名心叩。廿五日。

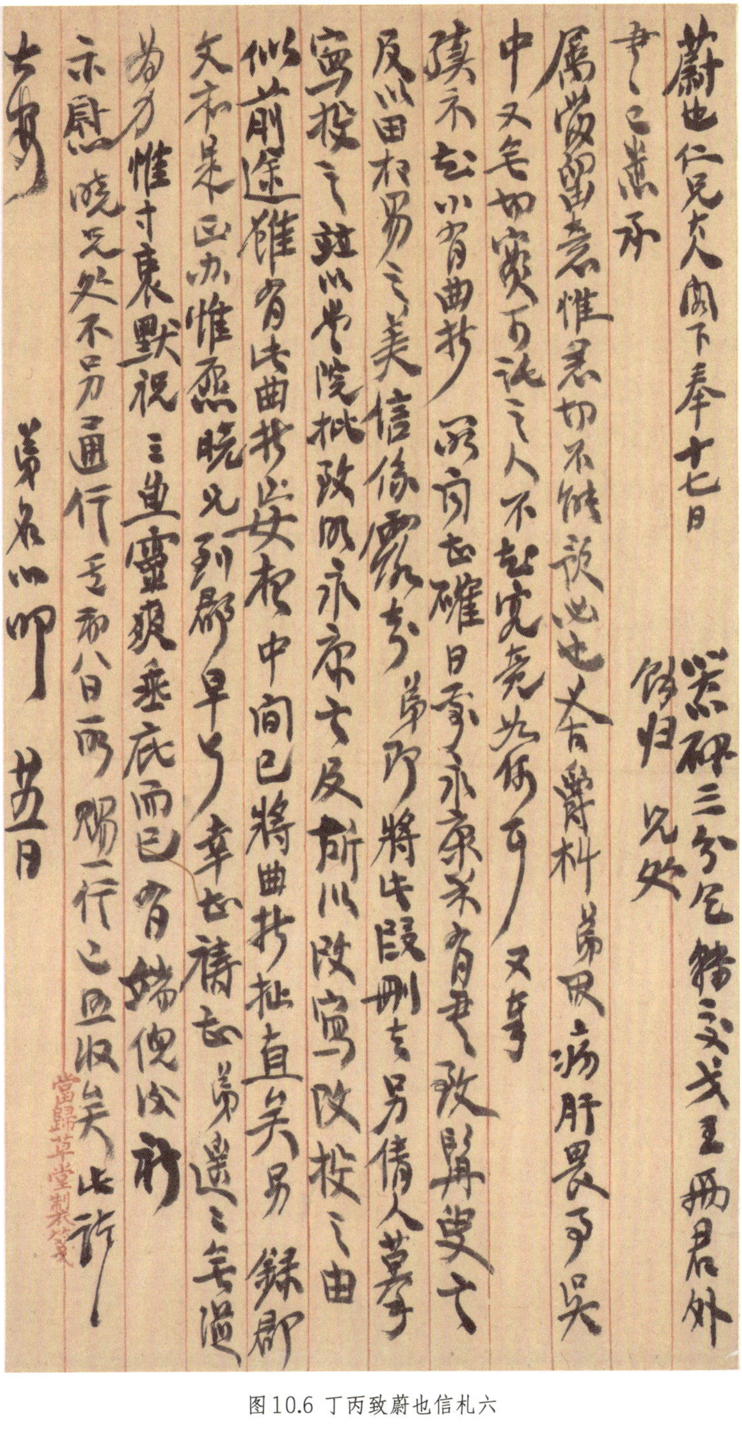

图10.6 丁丙致蔚也信札六

丁丙致蔚也、云庄信札七

释文：

蔚也仁兄、云庄先生大人阁下：

昨布一函，谅经台照。顷林桂山先生挈同漆、木等工来苏，看钟磬、鼓架及琴几、瑟架等样，祈亲近指示，必得详审。其须由梅先生启视者请先看。另备一信祈代交，或由桂翁往拜时面交亦可。丙因云翁令侄喜事，蔚翁北上连捷，转瞬均须旋平。故赶托桂翁来苏接洽一切，俾得粗见端绪。舞棚之样务须领看，前闻苏州府学之棚较吴学为胜，如能领其一看更妙。否则，弟备有一信，托敏翁加函转托府教授指引，请酌之。义古铜器及石磬刻字画龙如有成就，可先交桂翁携回。再：两庑拟做格窗，龛上加用竹帘，帘价苏廉于杭，即在苏定帘，以何色为宜，其上拟写明“杭州府学东西庑”字样，以杜偷窃易认。余容随布，草此奉请均安。

弟丙顿首。廿六晨刻。

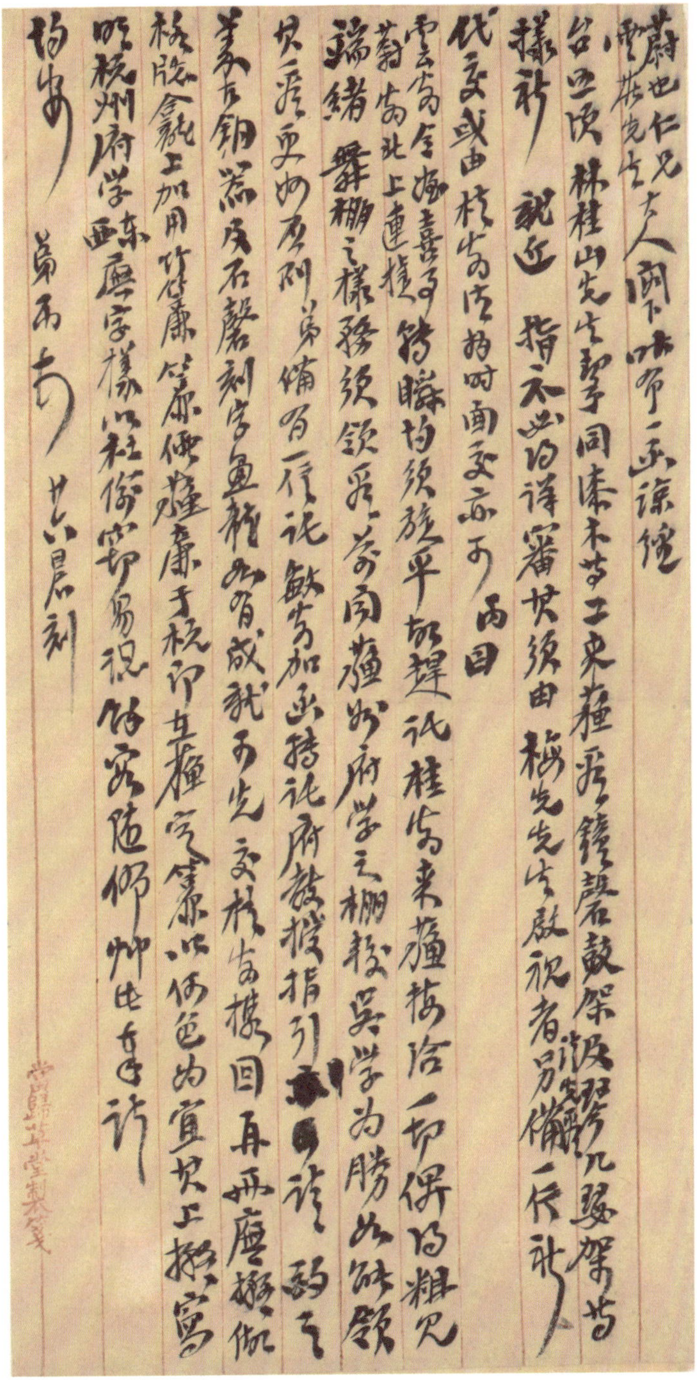

图10.7 丁丙致蔚也、云庄信札七

丁丙致蔚也信札八

释文：

蔚也仁兄大人阁下：

二十六日托桂山先生挈同工作来吴，想早移教，小函并梅翁信，定呈览转交矣。各乐器几架样式及舞棚必蒙指示周详，盼企之至。连接廿三、廿九双鱼，并悉簠、簋、铏三件均经审定，其尊式不知看定否？爵、勺、登、罍、洗五件，大驾匆匆旋平，势难留看，义古又手忙乏暇，惟此五件，总须从者审准，方有把握。十一日驾出吴门，彼时必求小驻数天，将各样件件考定切实。阅照云庄先生及贵代权之友，俾毫忽不差。石磬由杭刻画亦可。此信到，如桂翁尚在苏，祈移玉至臬署，请其派人发至桂翁寓中，或船上带回更妥。俎里未贴锡，必拟用也。竹篚承嘱办，妙甚。编钟字样，俟写就径寄梅翁可耳。草草，布颂捷安。

弟丙顿首。初二。

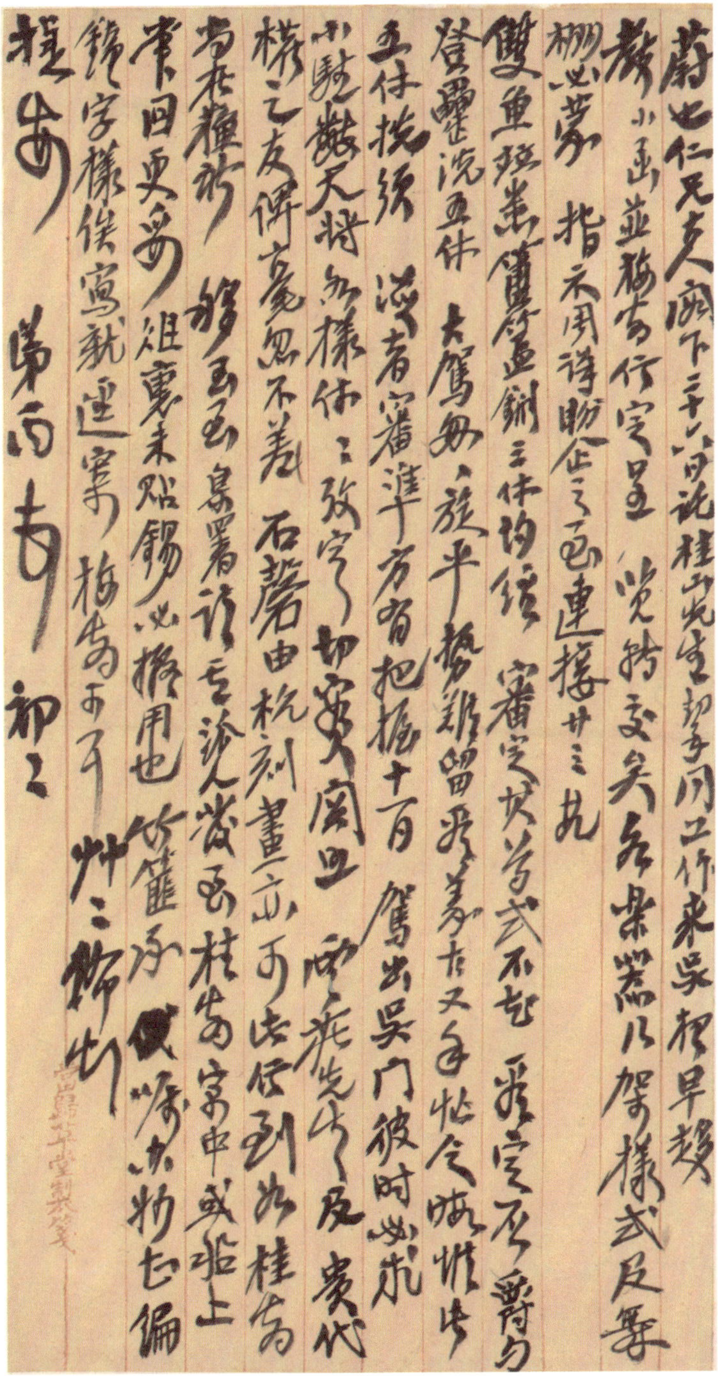

图10.8 丁丙致蔚也信札八

丁丙致蔚也信札九

释文：

蔚也仁兄大人阁下：

前奉惠函，敬知萱堂贵体违和，想侍奉安康为祝。承允月之初五启行赴吴门，兹接十一日苏信，从者尚未到彼，义古斋泥坯早成，刻样亦好，专请审定后即可熔造。且弟亦愿早得式样，俾可呈请续发款项。黄梅先兄云各件年内必可成，然亦盼兄速往。李肇翁公祖已委慈溪，接替何人尚未可知。总之，此事精审之中仍须迅速，否则，官一转移，人事不齐，即处处掣肘。且欲筹久远，尤须器齐后方可设法。一切祈从速启行，拜祷拜祷。尊函复交子方，以中丞阅武，尚未得复。统容到苏另致。即颂台安。

弟丙顿首。十三日。

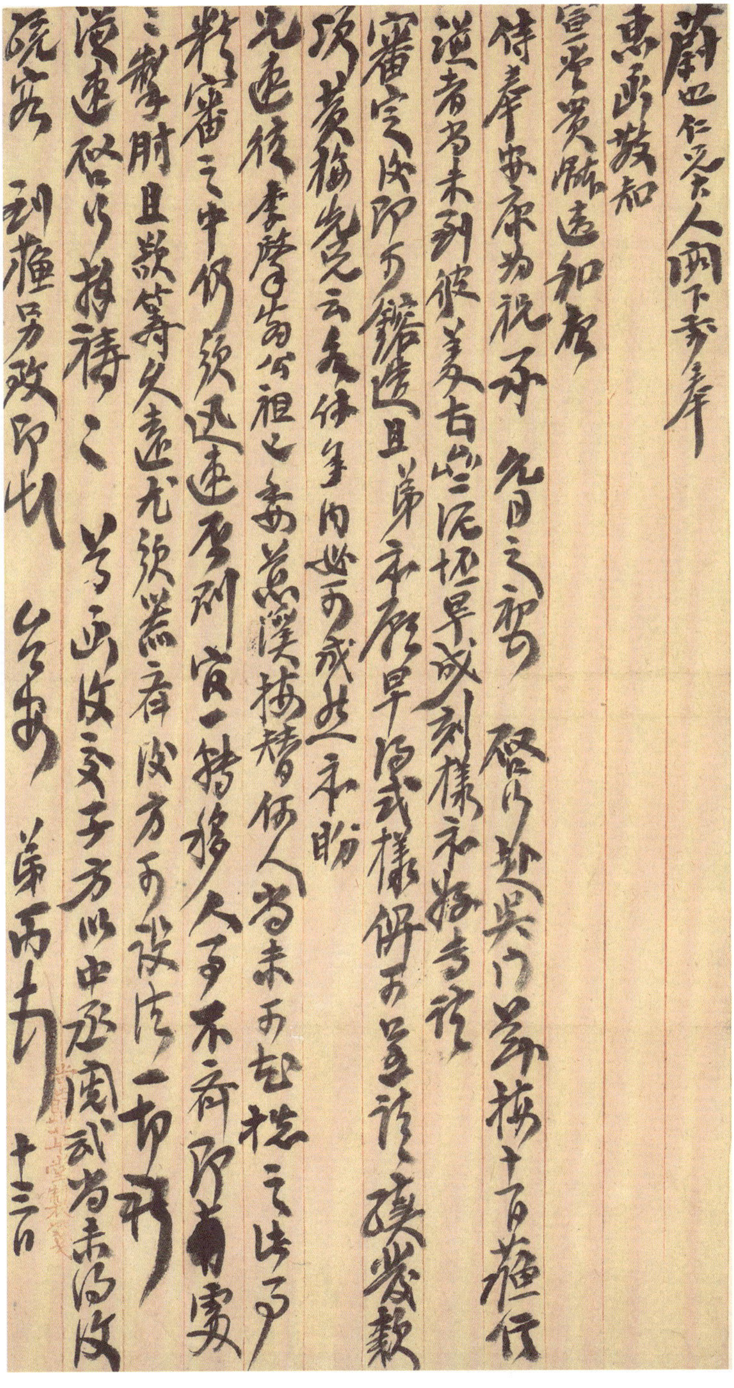

图10.9 丁丙致蔚也信札九

丁丙致蔚也信札十

释文：

蔚也仁兄大人礼次：

前奉复函，已悉。今奉手示，并举殡大讣，均敬领。委转交各件，当即分递，勿念。阁下至情过人，求合乎古，足以式今，仰企之至。兹奉上菲敬一函，道远，不克躬叩，灵前聊代刍敬。戈云翁闻赴苏，果否？王锡翁皖中何日可归？均请示悉。肃此，布颂礼安。

弟丁丙顿首。冬至节。

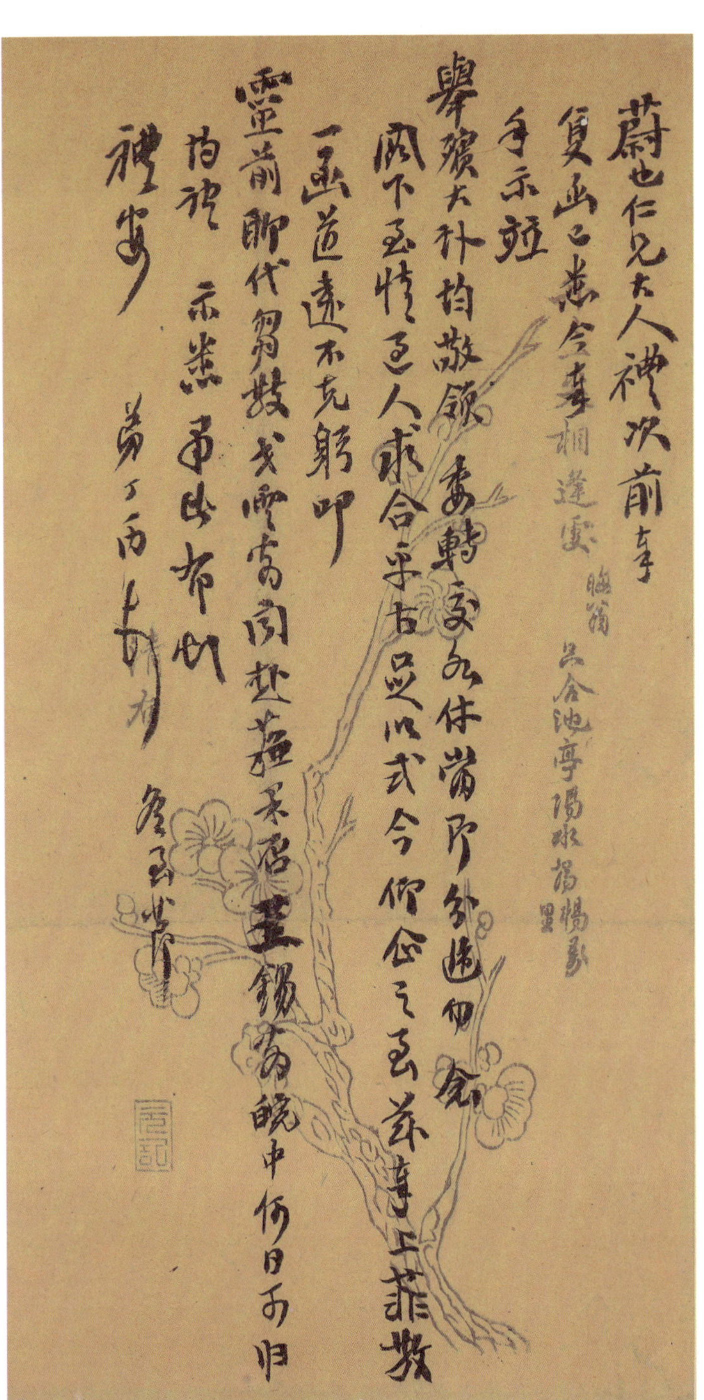

图10.10 丁丙致蔚也信札十

六、丁丙致许增信札

许增（1824—1903），清末学者、藏书家。字益斋，一字迈孙，浙江仁和（今杭州）人，喜勘订书籍，与谭献同校刻《唐文粹》，精核无比。尤爱书画，收藏既富，偶一涉笔，便自不凡，最善画佛。以孝为名，建“娱园”奉养母亲，母亲过世后改名为“榆园”。

丁丙的《西泠词萃》为许增协助刊刻，刊刻《武林掌故丛书》时，益斋又多为校正。丁丙致陈豪的信中称：“弟所刊《武林掌故丛编》半赖迈孙之校正，半赖令弟之经营。”[1]丁丙十分借重许增，因许增刊刻的图书精妙绝伦。丁丙将自己的《丛编》与许增的《榆园丛刻》相比，感叹道：“（《武林掌故丛编》）以视娱园精刊小品，爽心悦目，真有霄壤之殊。”[2]

1 赵天一．丁丙致陈豪手札释读 [J]. 文献，2012（2）：112.

2 赵天一．丁丙致陈豪手札释读 [J]. 文献，2012（2）：113.

丁丙致许增信札一

释文：

示逮并双印本《云栖法汇》，顶礼膜拜，登之檀栀。龙兴寺之外，如竹竿巷之天长寺、仙林桥之仙林寺、艮山之辩利院、西湖之凤林寺，皆唐宋古刹。又：菜市桥沈庵为莲祖俗家，似宜置之。《多宝塔帖》固足羡，然亦不妒。日来有持弘治间泥金写经，索白金百两，愿以布施三宝者，其经固精美，其志尤可嘉叹，不知寿南都转有意玉成功德否？特借奉上《杭郡诗》，续辑在手刷印，成后奉报，不敢云得句先呈佛也。此布，即请迈孙居士安。

松僧合十。

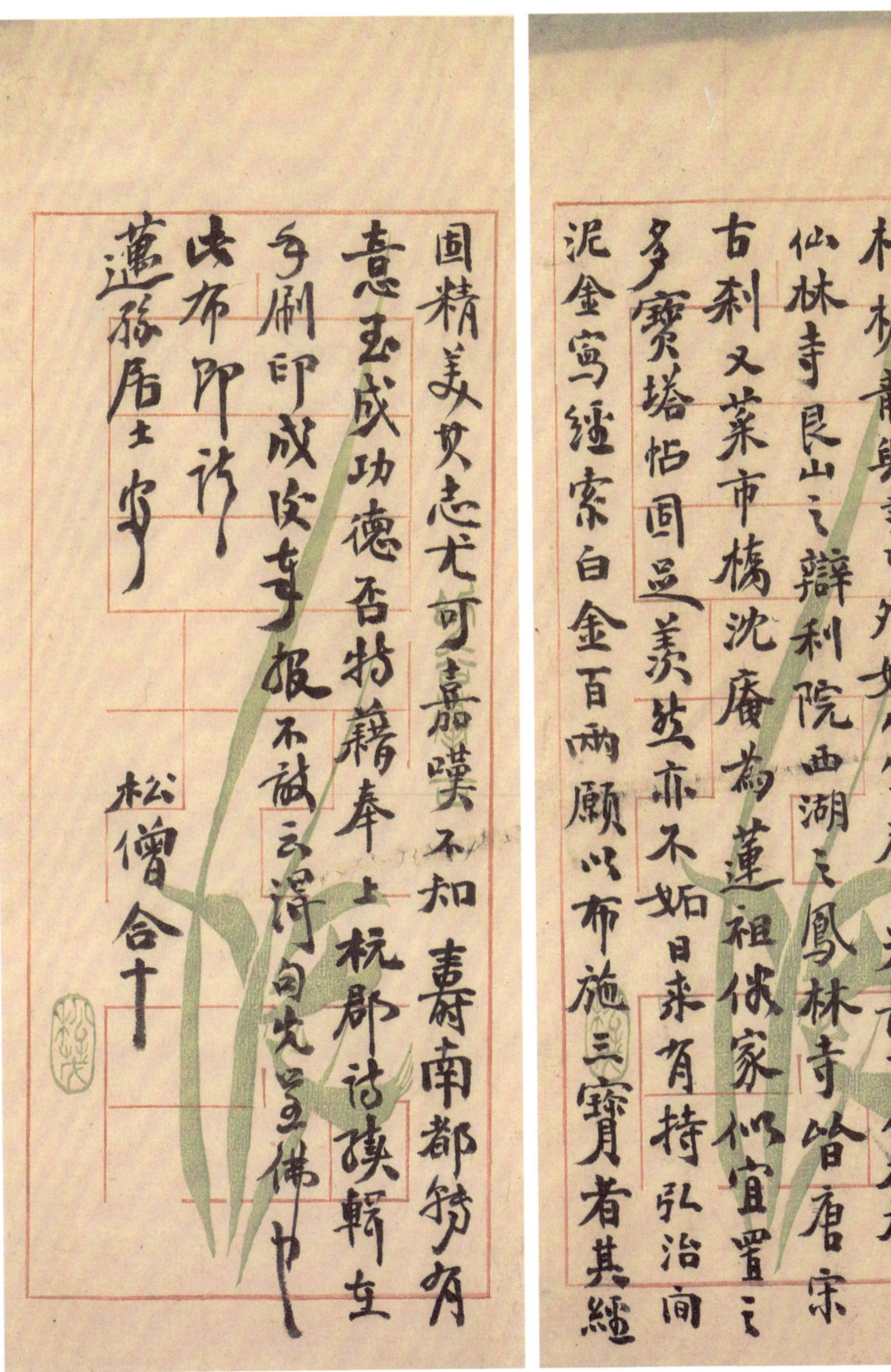

图11.1 丁丙致许增信札一

丁丙致许增信札二

释文：

迈翁尊兄大人阁下：

前录示宋瀛国公时张濡守独松关一条，弟即知尊旨所在，然恍惚不能深考也。昨承示拟一则，仰佩无既。惟德祐二年至元顺帝三十六年，止八十余年，玉田显名，似在元之中叶。似四十年中，祖殉难，孙显名，《词苑》不知年代合否？特恐另一张濡，不得不再细核一番。弟齿浮头昏，终日思卧，各书又懒于杂翻，请兄再一核之。如果张枢宋末已知名，则张濡确无所疑也。原件附缴。此叩大安。

弟丙顿首。初七。

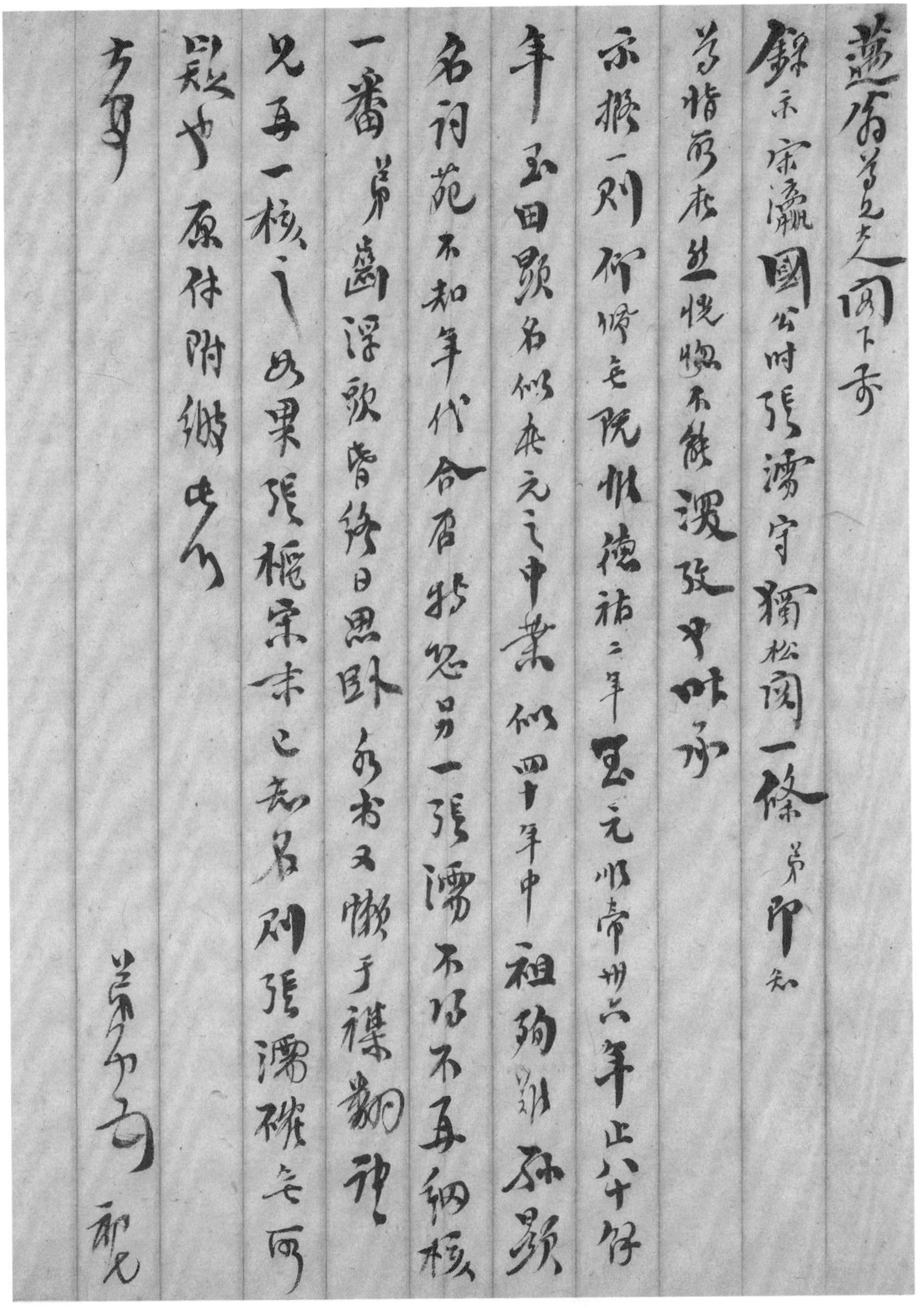

图11.2 丁丙致许增信札二

丁丙致许增信札三

释文：

迈孙老兄大人阁下：

昨示祗悉，辨利院发心已久，今秋始托唐舍亲前往小葺，免漏免坍而已画橱亦嘱修好，丙早拟去看。因秋雨缠绵，继以家兄患恙，迟滞至今，闻修理始算告俟矣，院志尚有刊本一册，拟请印发传流，无须另抄别册也。宝相画轴，两年前匆匆展礼数十幅，其中赝本亦所未免。拟初十外前去抄一画目，去其过劣者，略编次序抄册，即钉于院志之后。一面请立案，一面或鸠同志，每年二月十九、九月十九为暴象礼真之会，各出分资二三百文，作是日香花蔬饭之费，以续王茨檐、丁敬身、吴西林诸老净缘，仍遇有名笔，随时移奉。曩日西林老人有期满百八之愿，今能满愿与否？不可必然。南朝三百六十寺，后增至四百八十寺。某甲今日忽发宏愿，愿百八数满之后，递增至四百八十轴，则潮鸣之戴文进所画应真不能专美矣。此布，即颂震艮均安。

丙合十。初八日。

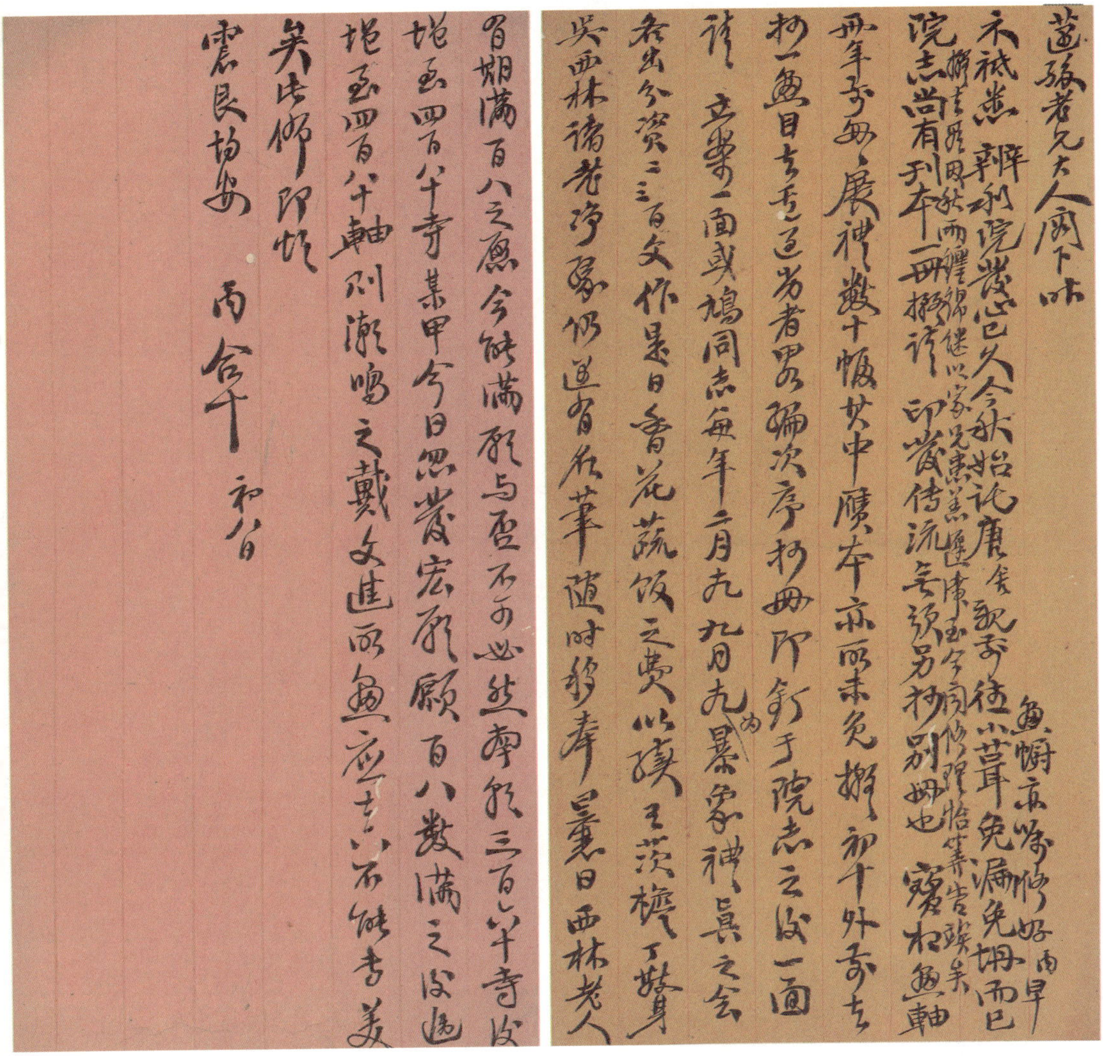

图11.3 丁丙致许增信札三

丁丙致许增信札四

释文：

益翁尊兄大人阁下：

久不晤语，想起居佳好为颂。奉致各节，祈拨冗赐答，幸甚幸甚。

一　井亭大士像装或书款者，乞发下。

一　明板《意林》二册、聚珍板《意林》二册、《铁桥漫稿》一册，即《意林》跋语掷完。尊抄宋本《意林》，假录，至要！至要！

一《三国史》是否过齐校毕？迟归固可，恐缺失也。

一　前托查之卓姓勉善局义掩毙犯一案，迄未奉示。祈迅查示。至祷至祷。

一　五月十六日有善堂春季报册禀送臬署，至今未奉批回。祈查示。

一　本月初八日轮臬台临堂，现值假期，想未必到。六折拟仍乞转交，预示。

一　属补抄《明史》，已得其半，成后奉上。此请暑安。

丁丙顿首。初四。

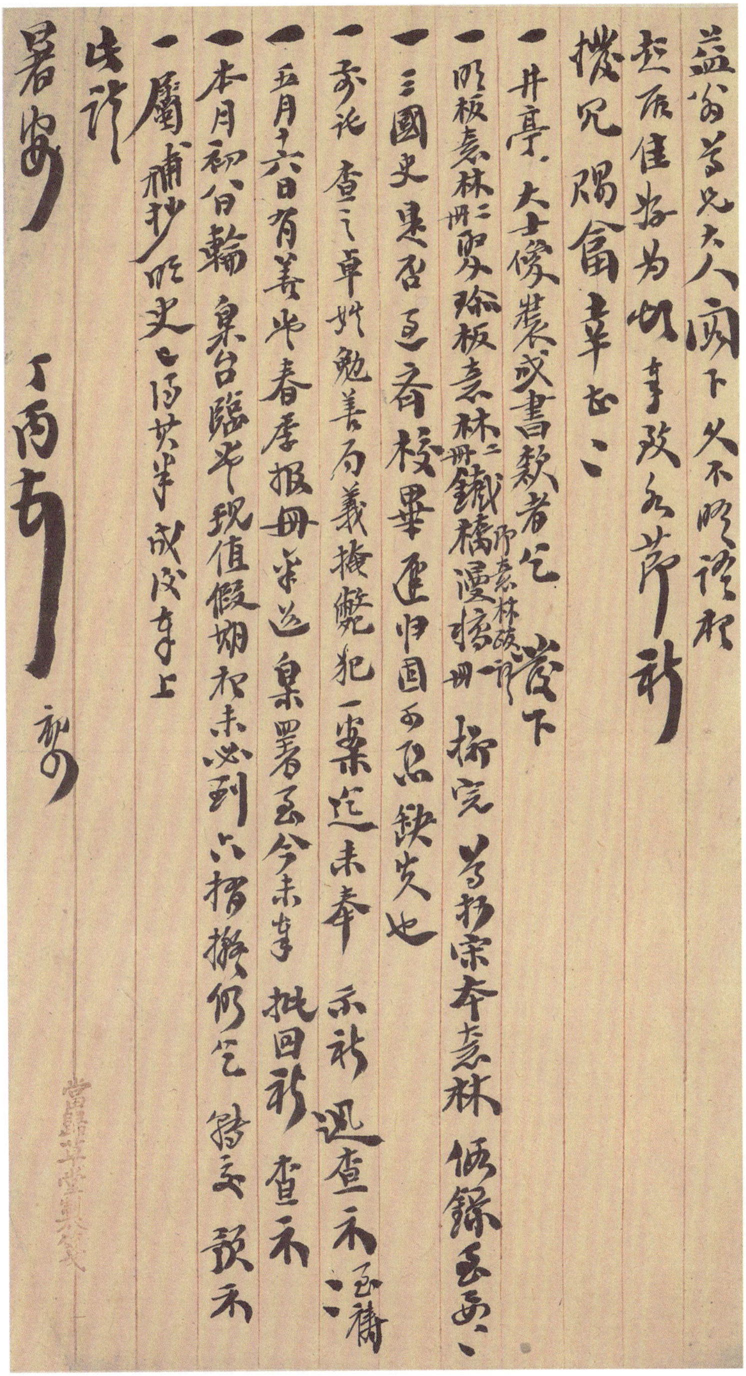

图11.4 丁丙致许增信札四

丁丙致许增信札五

释文：

益斋老兄大人阁下：

前奉手函，以他出未复。所举极承转圜，极是之至。昨日能否定议？倘须弟面商之处，乞再示之，以便趋诣。《意林》闽本是否即翻武英殿聚珍本，前有御题三绝句者？幸示悉。严铁桥所著一段，由雪兄抄奉。雪樵见柏树畏之如虎，殊可奇也，故弟虑其复入而复发也。荛甫所藏汪校宋本《意林》，必得原本借来，方妙，方妙。

此请台安。丙顿首。

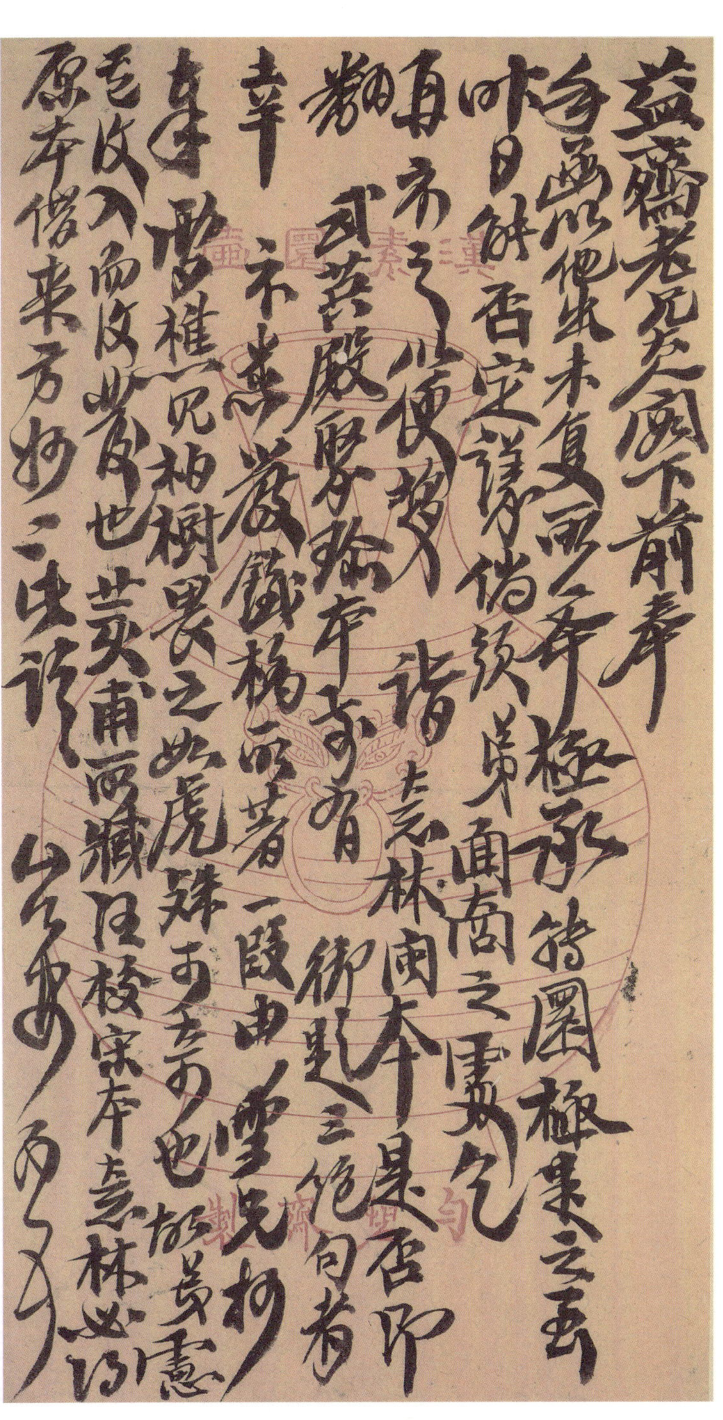

图11.5 丁丙致许增信札五

丁丙致许增信札六

释文：

益翁老兄大人阁下：

交芦陈设各件已发去，俟溪僧来后即可奉延安位也。节孝呈册四套，当交局中汇案照办，前奉去《意林》两部，又《铁桥漫稿》一册，如赵君业已校毕，祈索回掷完，恐此君即须计偕，或有遗失耳。尊居为饮马井巷，巷中有井，井楣居然锲字，意必近古。遍查图经，无此巷名。且饮马于池于湖则可，于井理亦未协。蓄疑累年，前日仍检万历《钱唐志》，近三桥址有名张司马巷，巷中必居有张姓为司马者，故名。因忆饮马井巷旧亦称义马井巷，忽悟司音通希，由希转义，由义转饮，义马实司马之讹声。或司马君开此义井，后人截去张字，加称井字，因讹传讹欤？尊屋左右有南井，为北宋沈文通知杭州时所开。其时苏文忠方通判杭州。后苏移守杭，复开南井，有状载集中，名沈公井，然于饮马井绝不相涉。日来以在奉庆院粥厂中往来数番，追寻故迹，故顺笔奉闻。草此，布颂冬安。

丙顿首。廿八日。

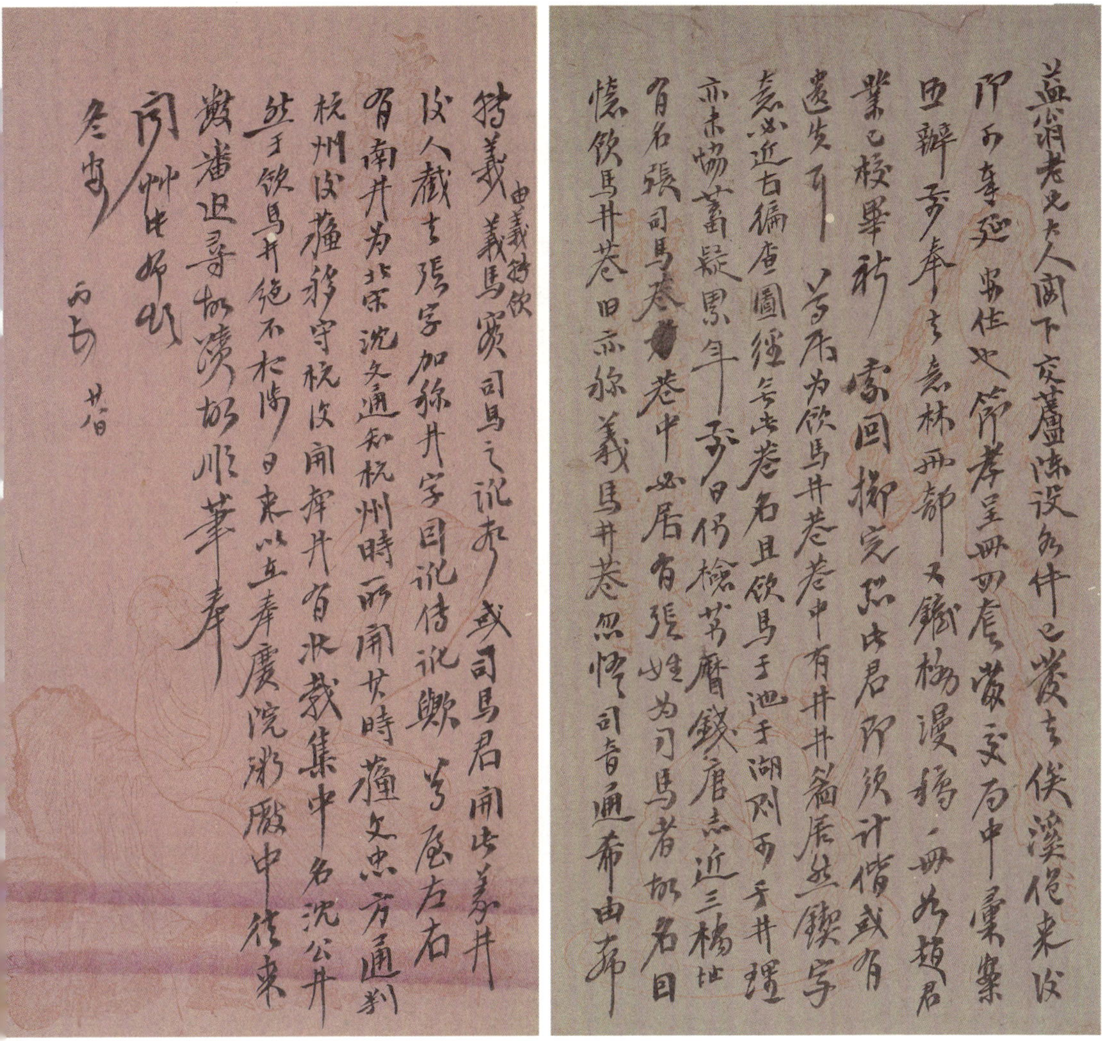

图11.6 丁丙致许增信札六

丁丙致许增信札七

释文：

春来肠痔剧发，杜门不出，颇思精拓藏印，分贻同好，因芝泥不佳辄止。日来，有闽中寄到者，当发兴一践宿约。惟款识，则力有不逮也。各善堂章程用数殚三四年工夫，就力行所及者，参酌旧章，粗具崖略计四册，拟趁制军在浙，以前定案即梓以垂久，惟恐有未安之处，巨笔为之点定务使尽美尽美，勿留余憾，亦我同乡应办笔墨也。此颂益斋先生安。

丙顿首。

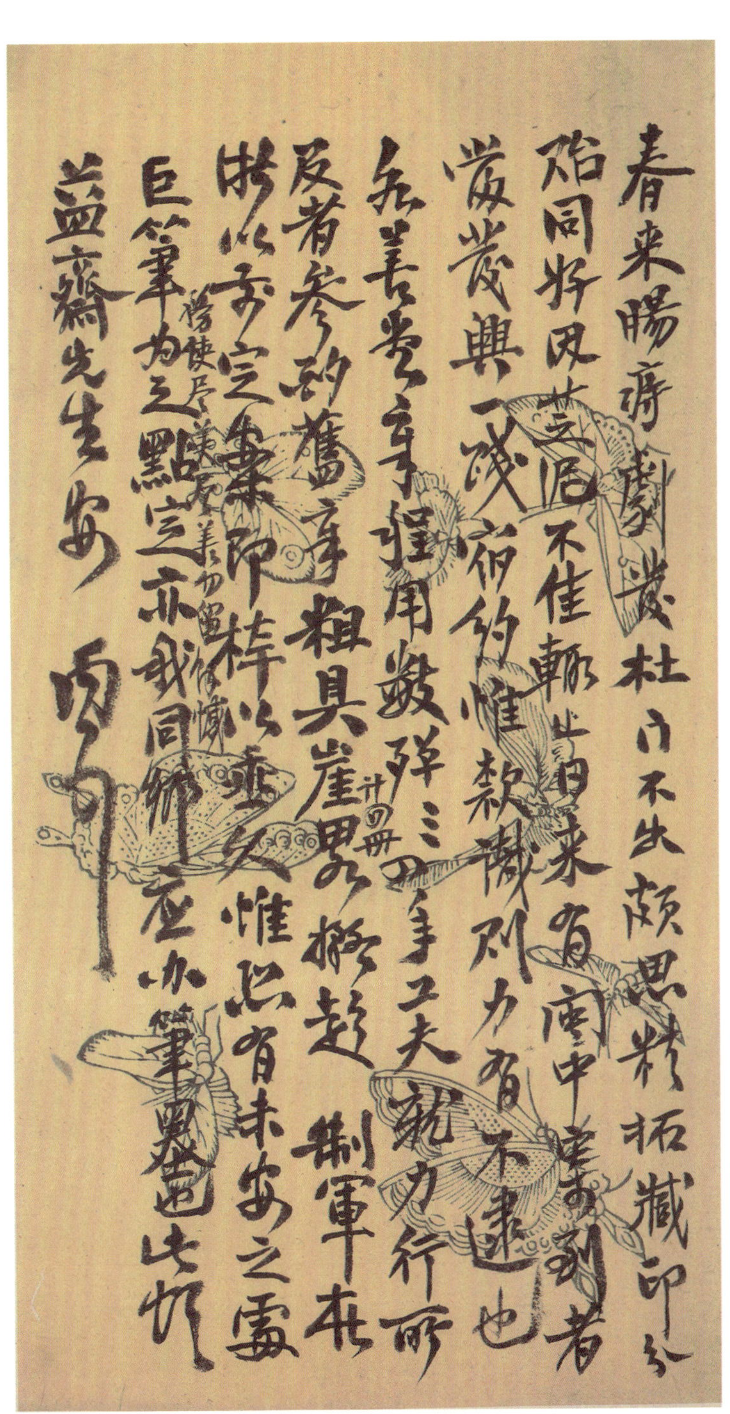

图11.7 丁丙致许增信札七

丁丙致许增信札八

释文：

违教两月矣。前尘小笺，未获答。杨蕉翁允作之图成否？其携去旧图并题楣一帧，希代讯促其早日掷完，因有考客要看。近日门摊市肆有所得否？此颂刻安。益翁先生绨几。

丁丙顿首。

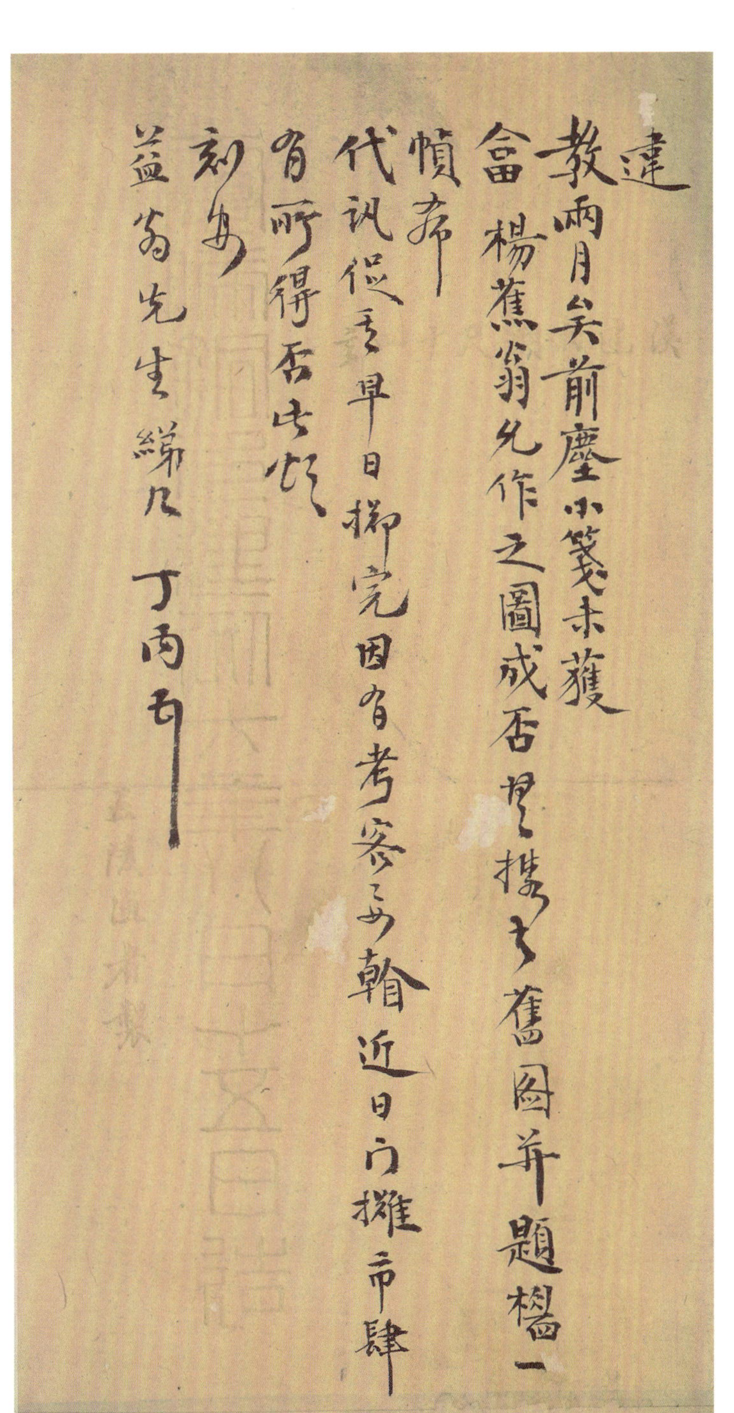

图11.8 丁丙致许增信札八

丁丙致许增信札九

释文：

前承分惠水蜜桃，徐娘风韵犹有存者。今吴中友人馈到香露，亦分半为报李之雅，乞茶余试之。黄秋庵石章细审不精。又：二小铜章一并祈代完万华，此请秋安。

丙顿首。益翁先生阁下。

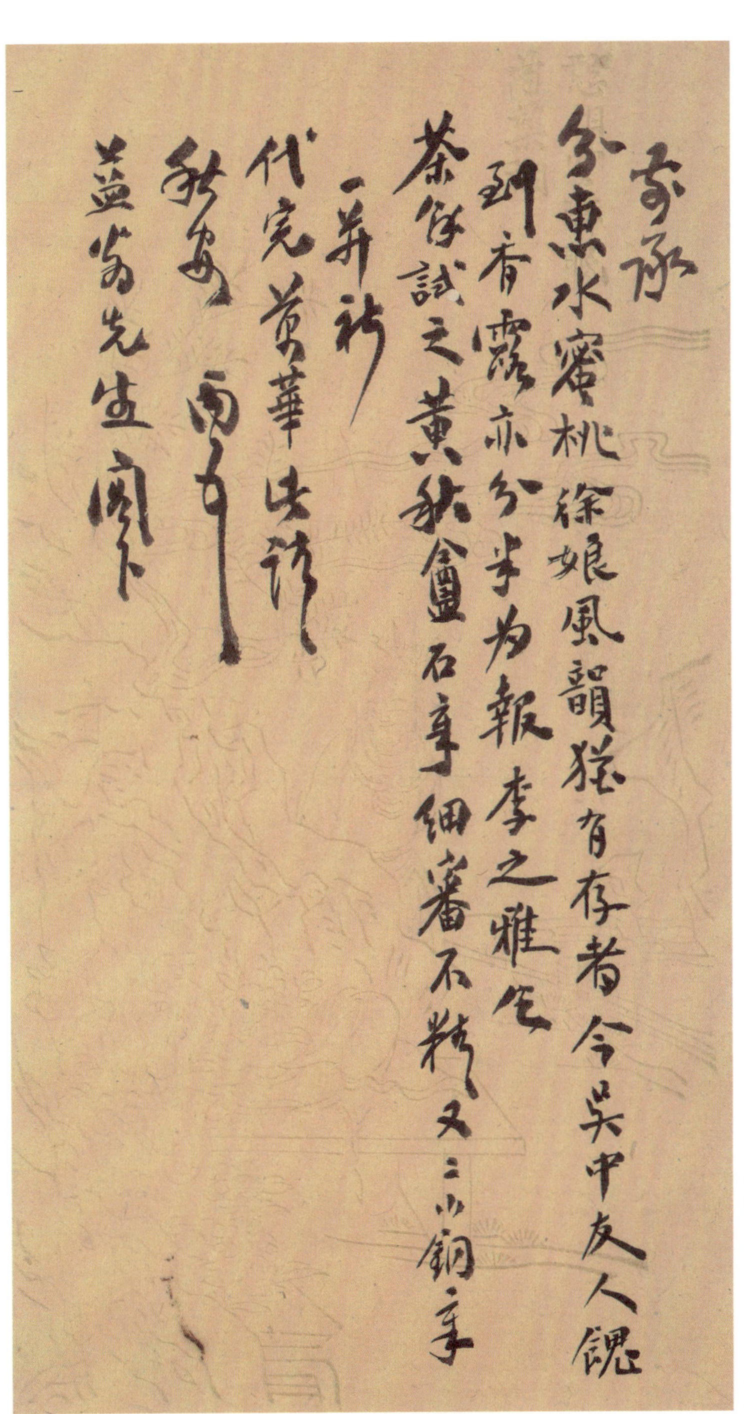
前承
分惠水蜜桃，徐娘風韻猶有存者。今吴中友人餽
到香露，亦分半為報。李之雅乞
茶餘試之。黄秋盦石章細審不精，又二小銅章
一并祈
代完黄華法諒
秋安　丙手
益齋先生閣下

图11.9 丁丙致许增信札九

丁丙致许增信札十

释文：

二十七日在伯平丈处小谈，借观所藏图籍。乞大驾偕临，以早为妙，勿辞勿迟。座中宰平丈、仲英兄又邹蓉阁丈，均先约定耳，此请即安。六皆公祖、益斋先生大人并鉴。

丁丙拜上顿首。廿五。

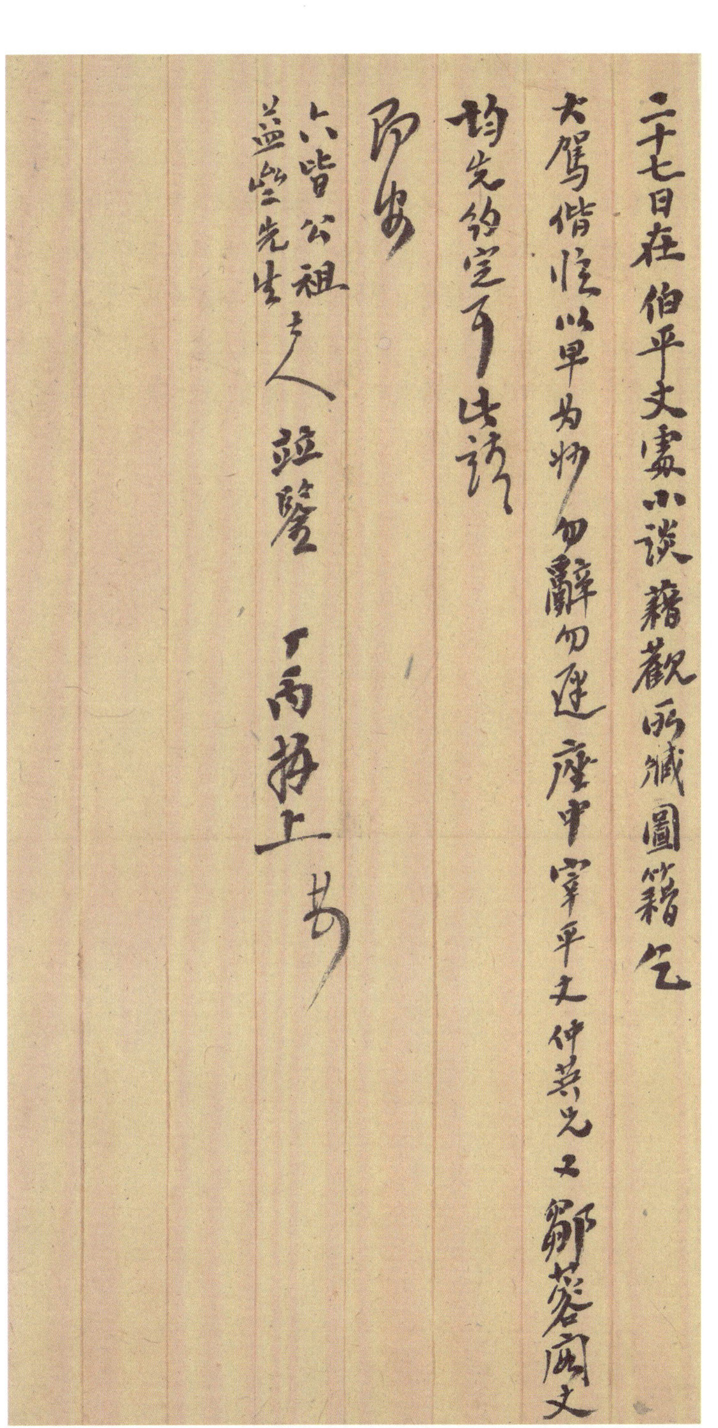
二十七日在伯平丈處小談，藉觀所藏圖籍，乞
大駕偕往，以早爲妙，勿辭勿遲。座中穿平丈、仲英兄又鄭蓉圃丈
均先約定，千萬請
即安
六皆公祖之人
益堂先生 道鑒
丁丙拜上 廿

图11.10 丁丙致许增信札十

丁丙致许增信札十一

释文：

昨奉斧政各稿，眼光如炬，佩甚。四十日中校魏吴蜀志，清福可羡。敝藏本能有所疑，另楮摘墨，俾成善本。安得人人来借，日日来借邪？如其有之，发箧启钥，力所不辞。新得印文唐杨峤官祭酒自言："吾官虽三品，不如畴昔一尉。"又解嘲云："东南一尉，西北一侯。"盖言东南之尉大也。其今之太湖巡检欤？此言西北一尉，意反其辞而用之，殆卑而又卑之谓欤？我闻如是，君意云何？马湘兰画卷，便中借一观。益斋兄丈绨几。

丙顿首上。

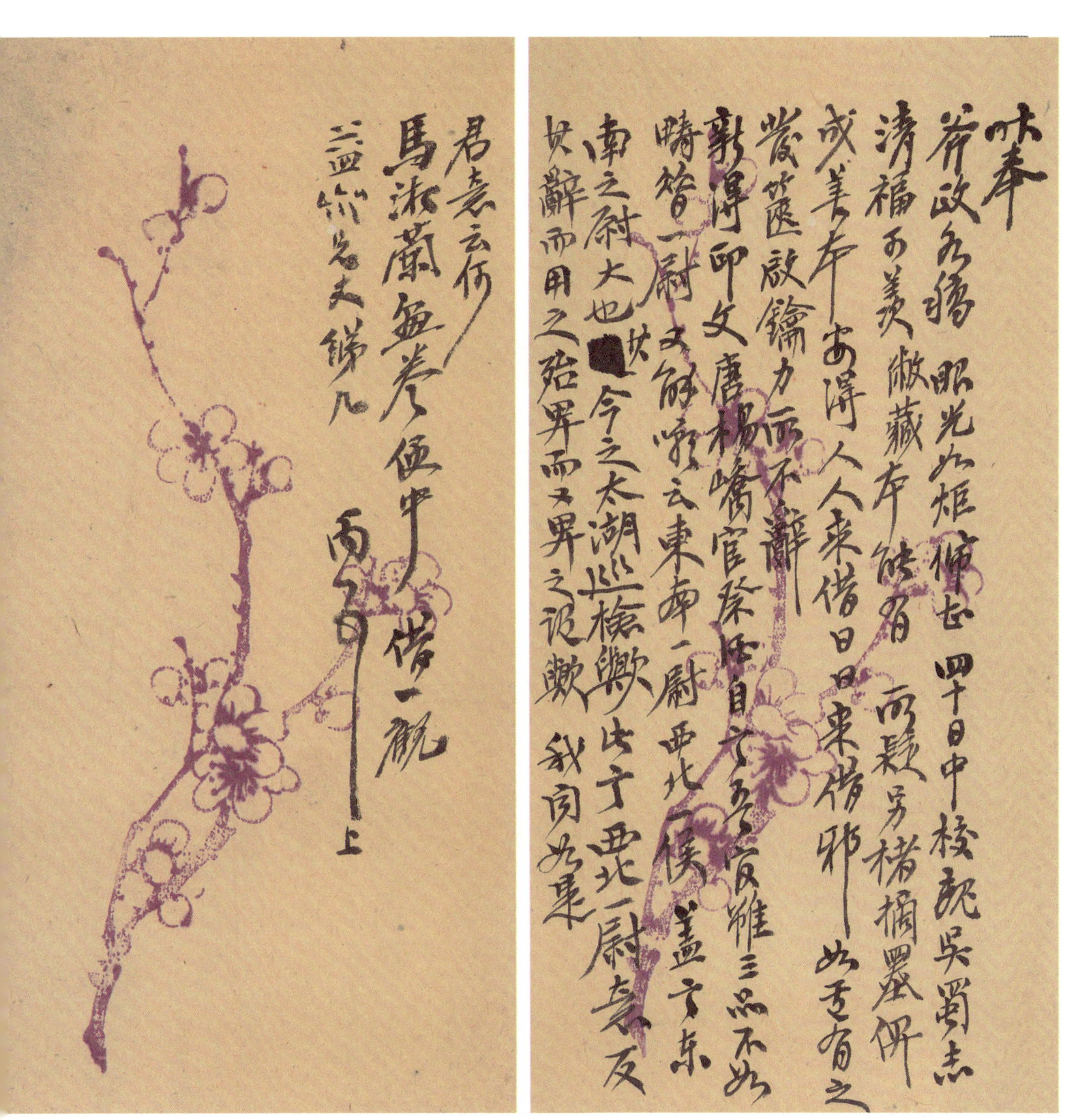

昨奉
手教多培 眼光如炬佩甚 四十日中校就吴蜀志
清福可羡 徽藏本能有 所疑另楷摘墨併
成善本 安得人人来借日日来借邪 如吾有之
蒙啟鑰力而不辭
新得印文唐杨峤官祭陪自言官虽三品不如
畴昔一尉 又解嘲云东南一尉西北一候 盖言东
南之尉大也 故今之太湖巡检欤 比于西北一尉者反
贵辭而用之 殆畀而又畀之说欤 我见如是
君意云何
馬淑蘭畫卷係中人借一觀
三益館主文錫几 丙 上

图11.11 丁丙致许增信札十一

丁丙致许增信札十二

释文：

来示谨悉，申册当代完。伯丈刻象，用枣木亦妙。所画身段须收进六分，止能照行，刻工五番恰易应。但尚有象赞，想又如东坡竹拓之要另议也，欲传永久，只能耐气亦看清献面上，能十日成工妙极。九翁处小略当照拟托转交也。此请益斋先生安。

丙顿首。既游云栖，必有新诗，能示读否？

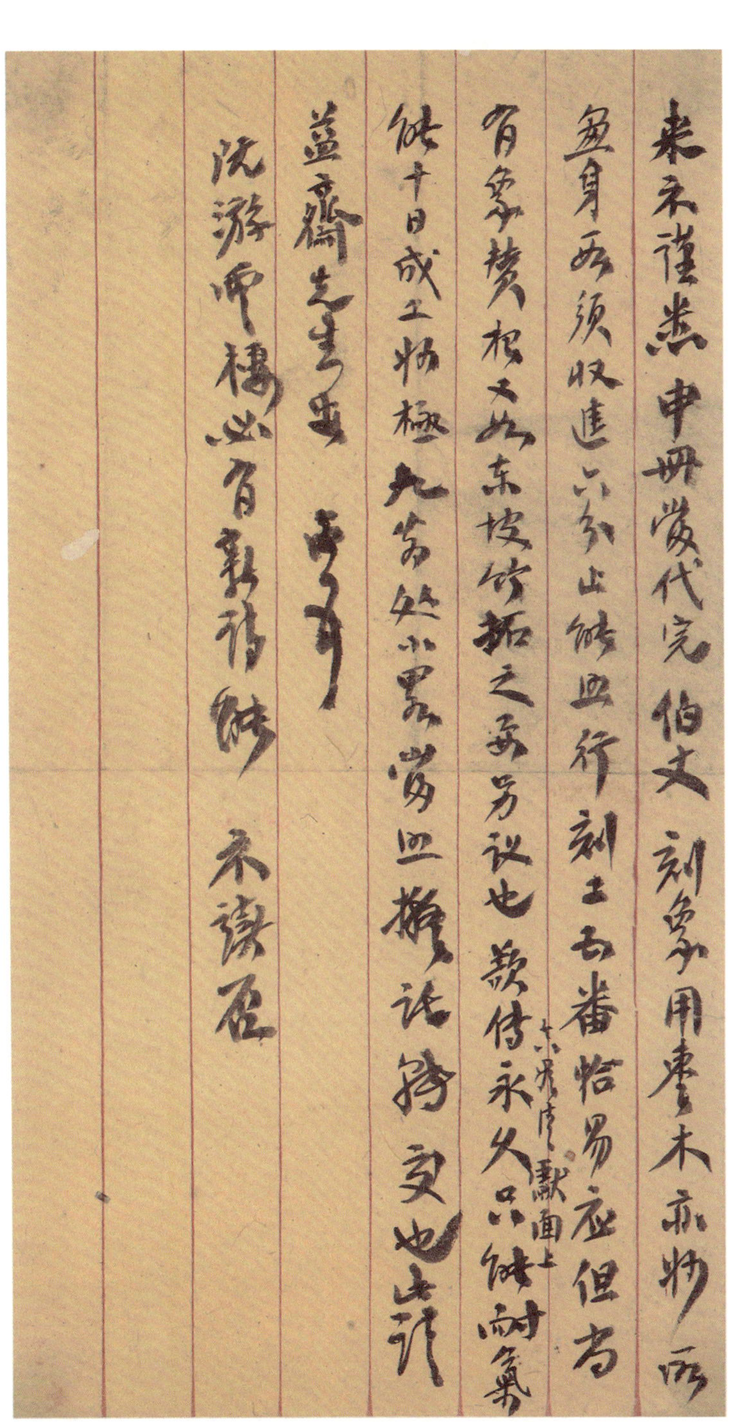

图11.12 丁丙致许增信札十二

丁丙致许增信札十三

释文：

多日未晤，亮秋祉清胜为颂。《东都事略》抄足否？《诂经精舍文集》五本因拟重葺是地，稍迟奉归。蕉翁是否旋杭？奉祈画件并旧图题首两帧，便乞转致，先行掷下，因有人要看也。手此，敬请曼安。

益戕先生大人阁下，晚丁丙顿首。

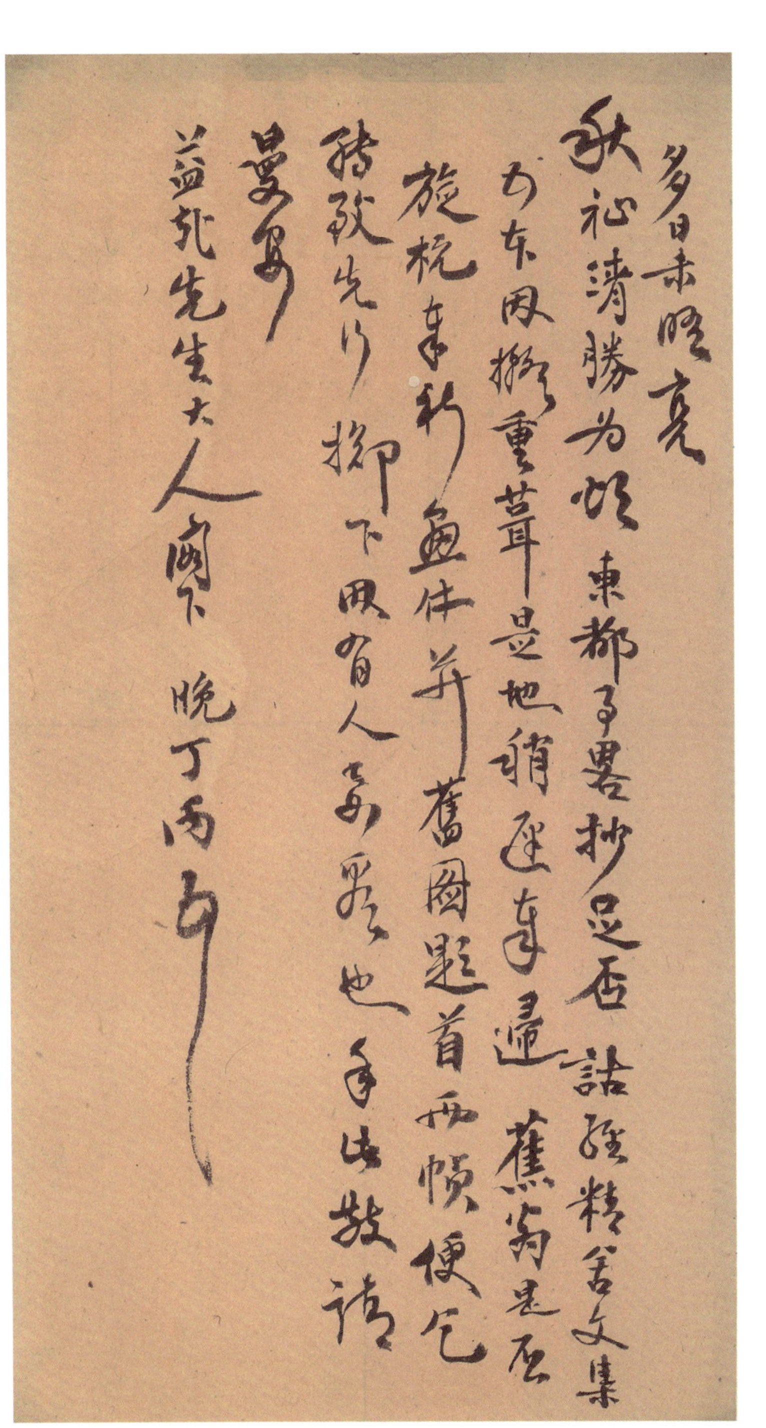

图11.13 丁丙致许增信札十三

丁丙致许增信札十四

释文：

益斋先生大人左右：

六皆程君闻匆匆赴吴门，转杭后乞示，借图杯酒重论。谢山先生《湖船录叙》抄备，《补录》振绮本，丙续撮十数条，未敢定稿，容奉鉴别。纸即阅血瀑魂风之惨。去冬已请扶风，承允，据以上达同乡之列枢垣者，早经分致，当同矜照。日内，此件必致案头，幸祈表阐，光耀泉壤，凡在梓桑，同深延企。肃请馔安。

丁丙顿首。

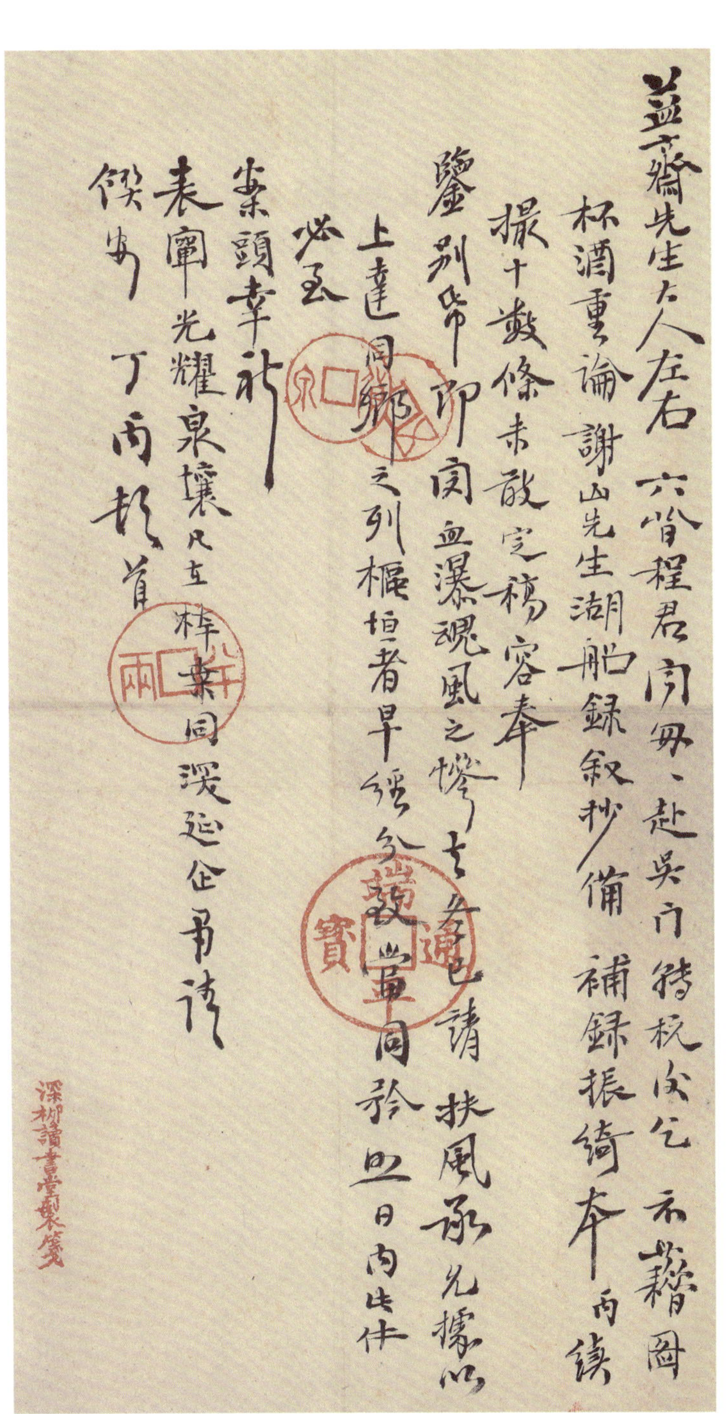

图11.14 丁丙致许增信札十四

丁丙致许增信札十五

释文：

昨奉手函，具徵随地是学，果能尽如我兄留意，何举不振矣！此祠废久，弟亦览及《湖志》，于前岁鼎建，标立十三忠栗主，其“流芳翊忠”合祠小额，尚为雪樵兄所书。《小檀栾读书记》去年已领得。所赠《查梅史集》一部，当入山搜室可耳。交芦庵当于扫墓之余，先往相度。再报。井亭庵观世音像尚存贯宪处两轴，并贯宪允施二轴，北上濒行，未知交出否？示之。初八日值何宪察阅三堂，丙昨往谒请，不值。兄便中提及更妙，能预为知照，是日准来与否。更盼杨见山得海运津局总办。陇西公甫于廿七日由吴启节。肃此布请大安。

弟丙顿首。初四。

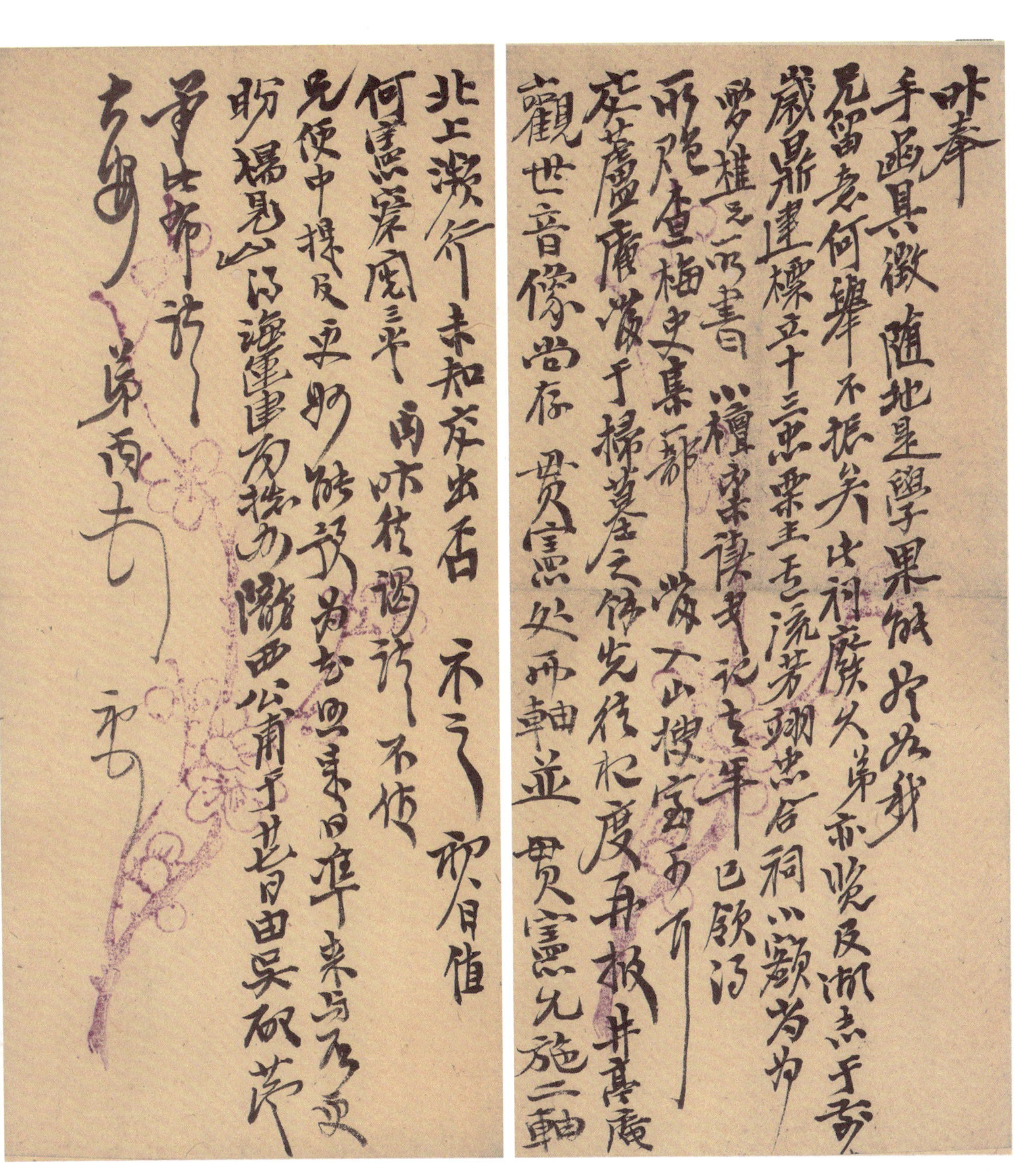

图11.15 丁丙致许增信札十五

丁丙致许增信札十六

释文：

益翁仁兄大人阁下：

前谭极惓，如宪启行在即，昨谒送，值公出，未见。井亭庵大士象，尚有欧罗巴二轴，又蒙允舍一轴，又托朱叟易装二轴。乞即请回，俾二月十九诞辰供奉。莲洋功德，定卜风恬浪静。奚九《西溪泛雨图》乞检掷为荷。昨闻快心，将临延尊专席，渔人颇不利于口，果否？此颂春安。

名心叩。

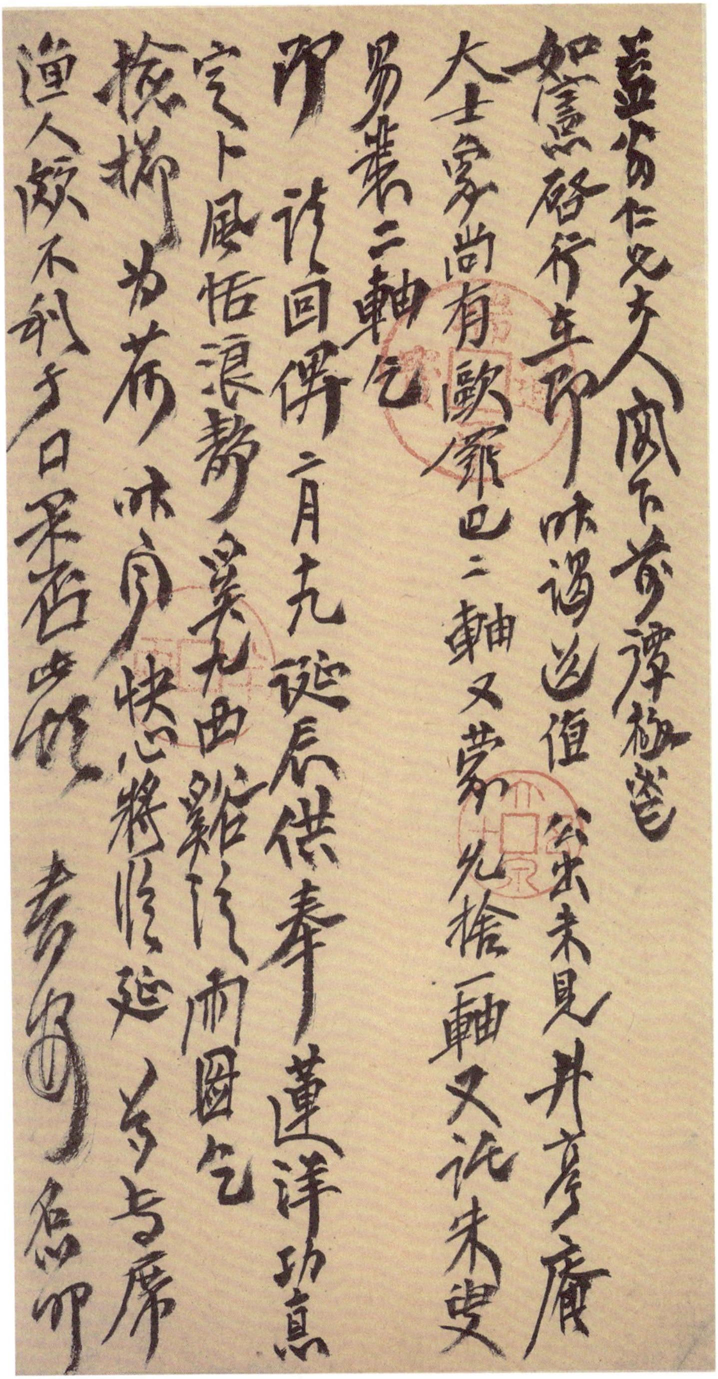

图11.16 丁丙致许增信札十六

丁丙致许增信札十七

释文：

益斋老兄大人阁下：

昨交下《延赏素心录叙》已收到，并闻日内将辩利观音画三十五轴，审度尺寸、著录、题款，可谓精到之至。丙于昨日偕舍侄前往，匆匆编出一目，内精绝不上十轴。王茨檐静便斋旧物只存十余轴。两年前丙见有唐伯虎、笪江上、金冬心所画尚十数轴，今皆无之，未知尚在所取三十五轴之内否？今奉去之目并印本院志，最好请将三十五轴之目一并加入，托雪兄用白纸照院志格式抄钉卷后，即由尊处呈请竖案，并行县出示，以绝巧偷豪夺县示勿径发院中，先须往取代贴，否则因善作恶矣。倘来目嫌不详细，只能将各画尽行由尊处编录。丙力任收蓄扃锁，并议后首逢期暴画礼真之规，其锁匙即会中人轮位收管。总之，此画劫中全壁不动，转为劣僧贱卖，又数年来无人顾问，遂致散失过半。今丙方拟小葺僧庐，而廉访公及君，适奉礼宝相，此时机缘不可错过，并须从速办理。其院志版片，一块不缺，此大可喜也。至前奉请交一折为桑梓儆刁事。又：初八日面呈堂中垂久一折，未知荷施行否？祈详示为盼。丙处有两峰画白衣观音像，拟一并奉供院中。册尾能附列最好。草草，布颂大安。

丙顿首。十二日灯下。前抄本院志请掷完又及。

图11.17 丁丙致许增信札十七

图11.17 丁丙致许增信札十七

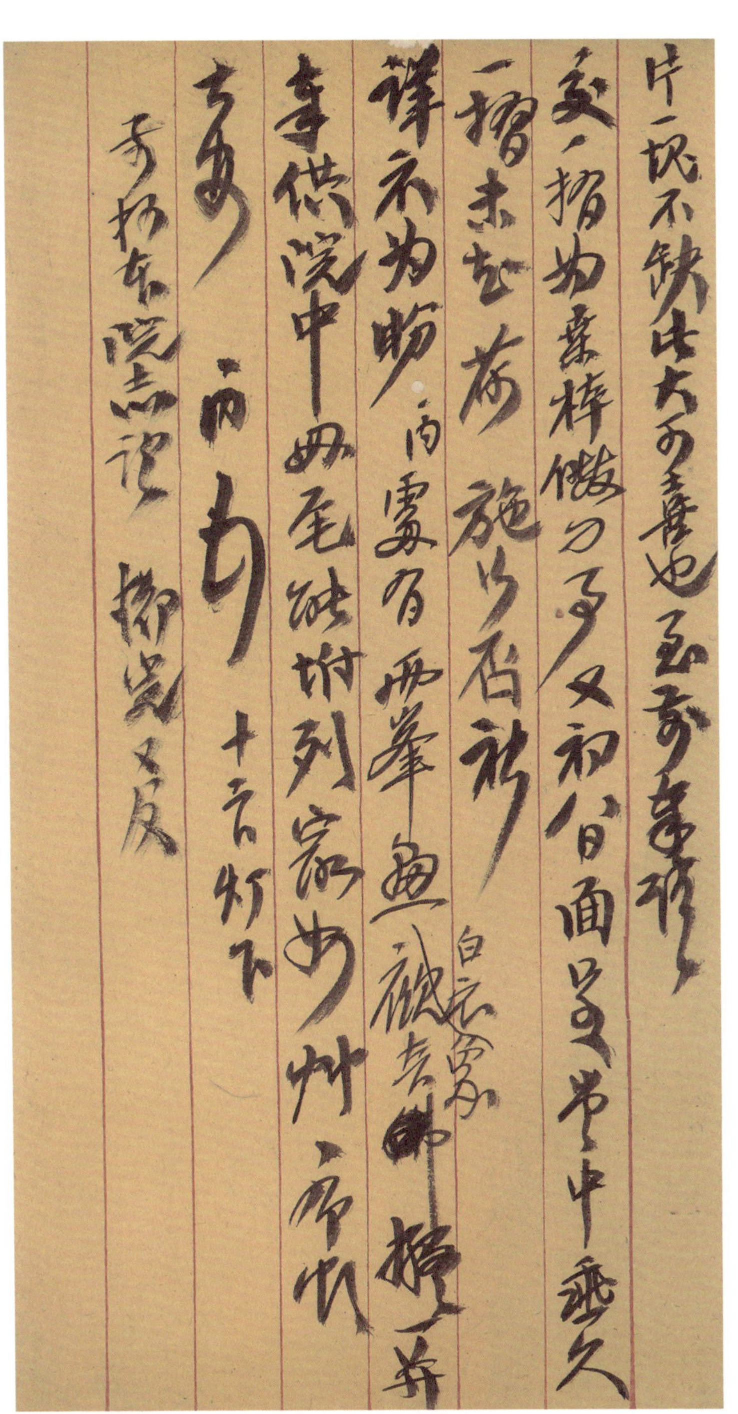

图11.17 丁丙致许增信札十七

丁丙致许增信札十八

释文：

交芦庵已去知照，过初十，不拘何日可往。彼处已兴大殿，较前数年改观多矣。庵额长鲁尺五尺，如须写匾，可以此数为定。如果清游，应早日示知。松木场买舟，最好另备雇小舟一只，缘近芦庵有浅滞处，可以此作渡筏耳。六十家词残本，弟取配三种和清真、烘堂、散花庵。兹捡得复本六种，装成奉缴，并宗刊小词一册，均乞插架。求晓翁书画两帧，幸速促之。此请大安，尊恙如何？念甚。

弟丙顿首。交许益斋先生。

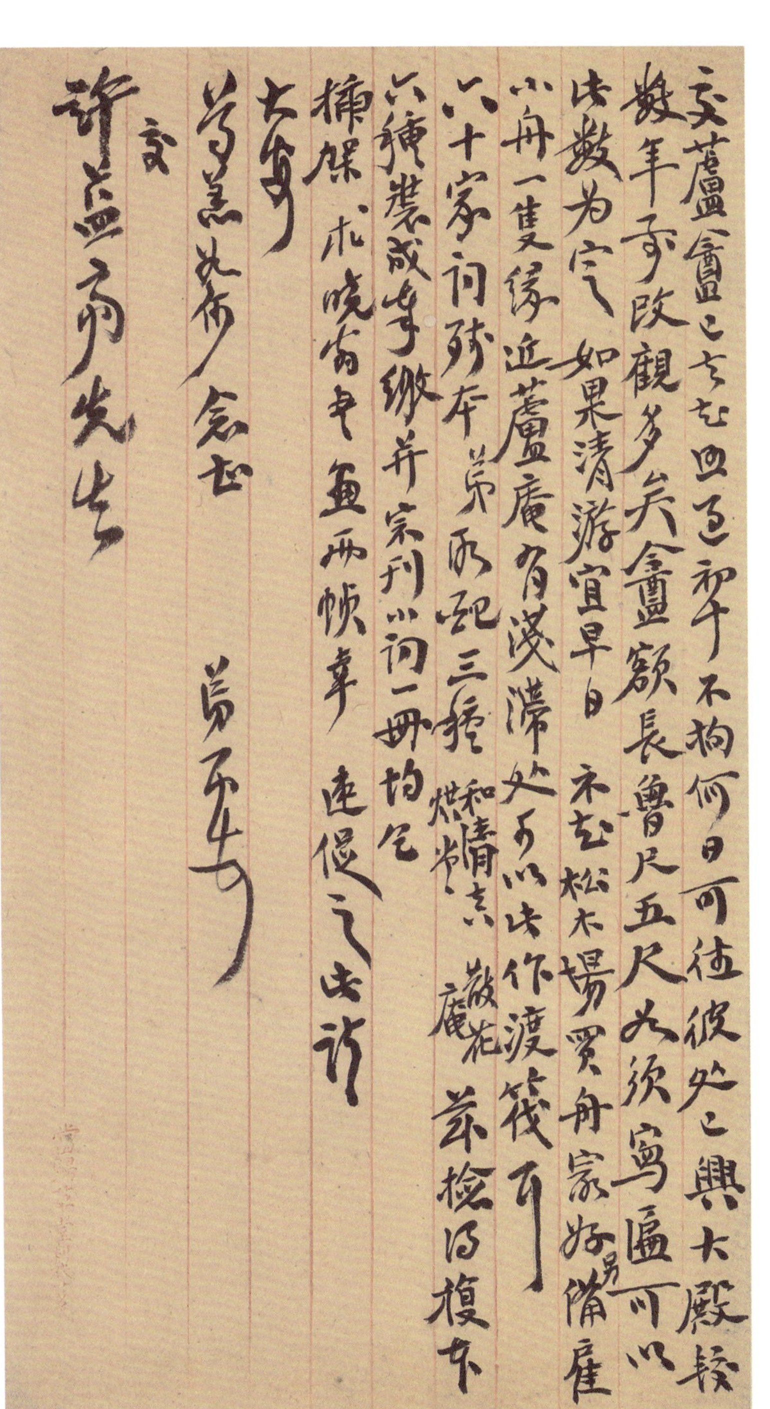

图11.18 丁丙致许增信札十八

丁丙致许增信札十九

释文：

益斋老兄大人阁下：

承代求篆对，感谢。奚画不甚出色，若是山水，此价足值。主云画册颇佳，闻有人完过八元不售。今归秘藏，洵属得所。前日见明中《蔬果画册》，精妙绝伦，异日南屏镇山一宝也。伯平丈宿疴而加新感可虑之至。草此，布请大安。

丙顿首。

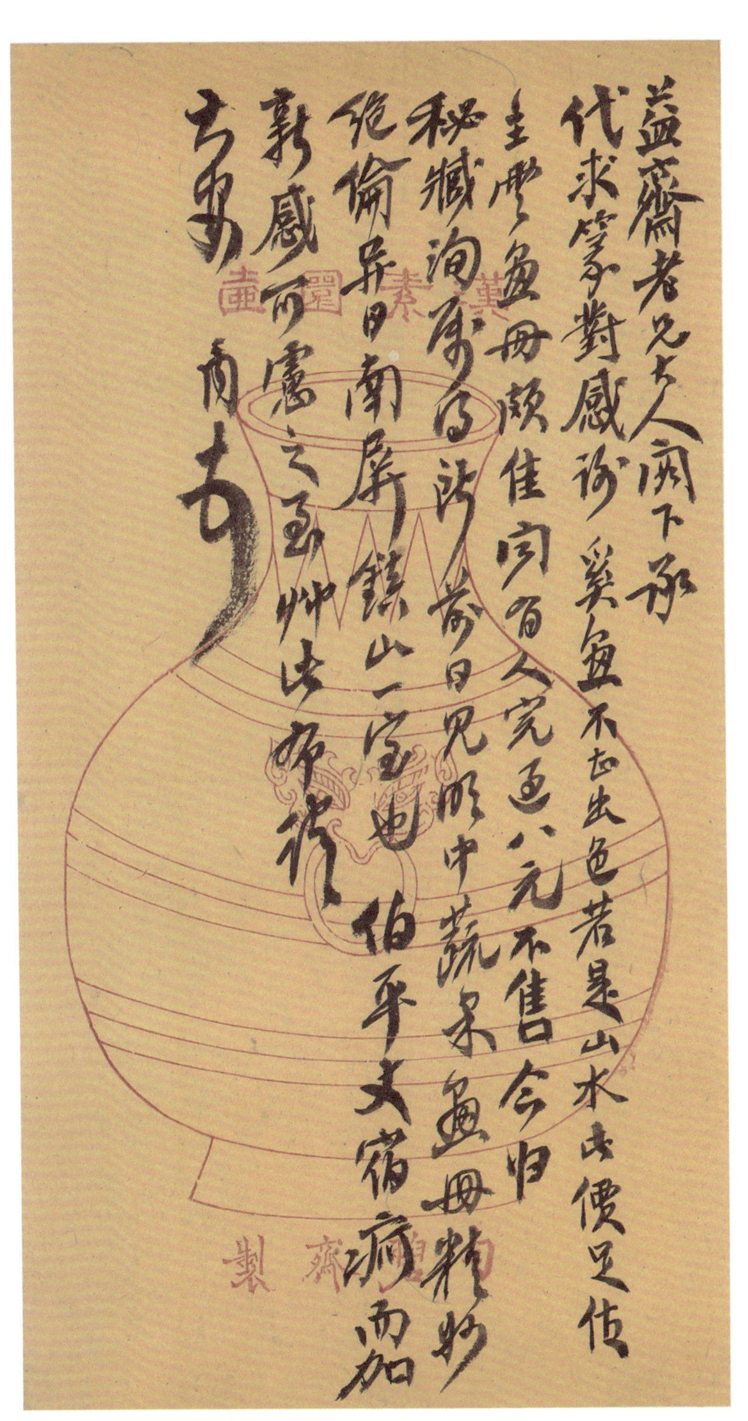

益齋老兄大人閣下：承
代求箋對，感謝。奚岡不甚出色，若是山水亦便足傳
主臣。畫冊頗佳，同百人完直八元不售，今伯
秘藏詢屬誤。前日見冊中蔬果畫冊精妙
絕倫，異日南屏鐵山一寶也。伯平丈留齋而加
新感，可屬之至帅比部將
專此 肅 丙

图11.19 丁丙致许增信札十九

丁丙致许增信札二十

释文:

益斋老兄大人阁下:

承惠拓本两种，谢谢。前闻得自陕中，来说是钟下有衬托之器。彼时未见器拓，止蓄疑于衷。今观所拓，即检《萃编》审阅，钟是钟，盆是盆，确是二器，不易合装，陕友之说不可信也。前晤河东先生云，琴翁权江藩，金陵人皆盼执事。然则将呼颂音为老宪台乎？恐《疑年》之续，其越数年而从事耶？一笑一笑。肃颂侍安。

丙顿首。

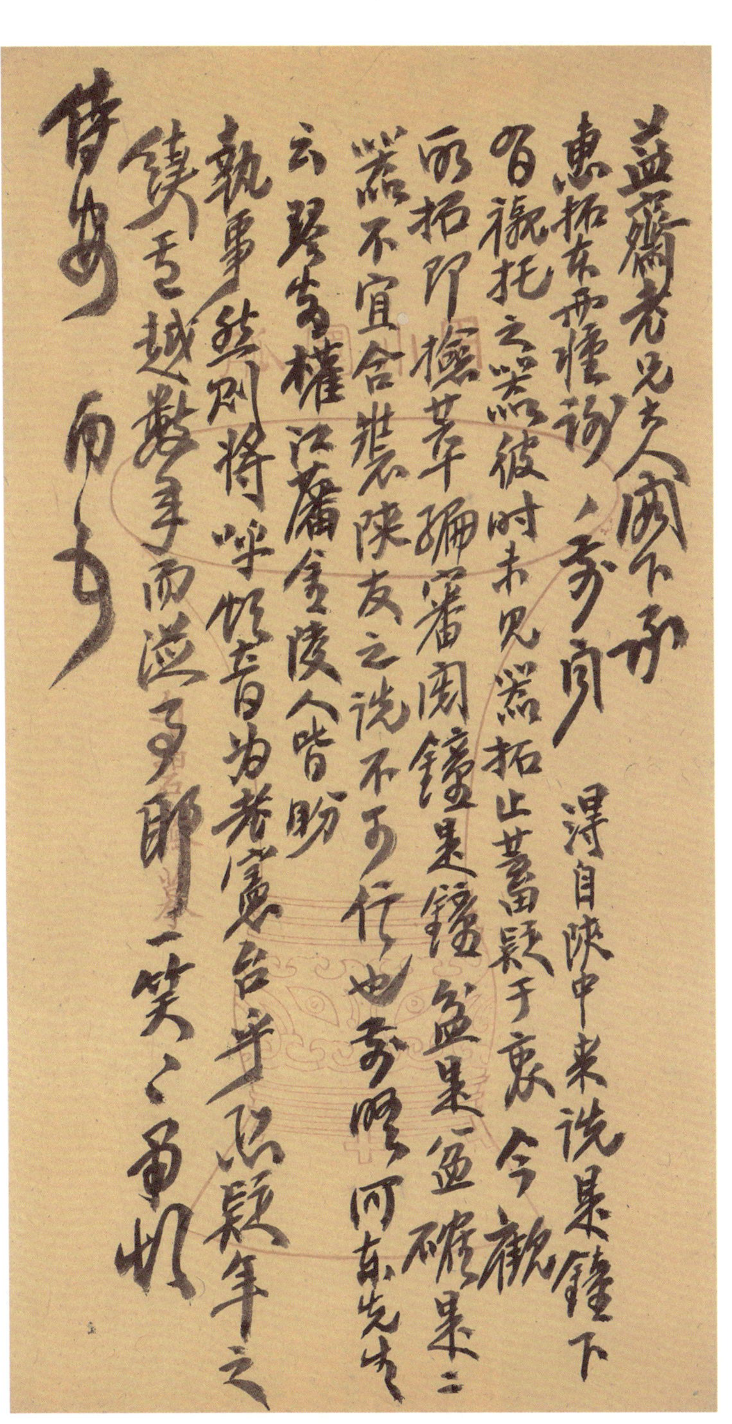

图11.20 丁丙致许增信札二十

丁丙致许增信札二十一

释文：

益翁老兄大人阁下：

久不晤谭，念甚。昨廉访公索阅《郡斋读书志》，此书有衢州、袁州两本之别。敝藏并有之。世以衢本为善，故即以奉上，祈转呈。日来部署伯丈绋事，殊碌碌，君赙正厚，可感可感。此请暑安。

丙顿首。

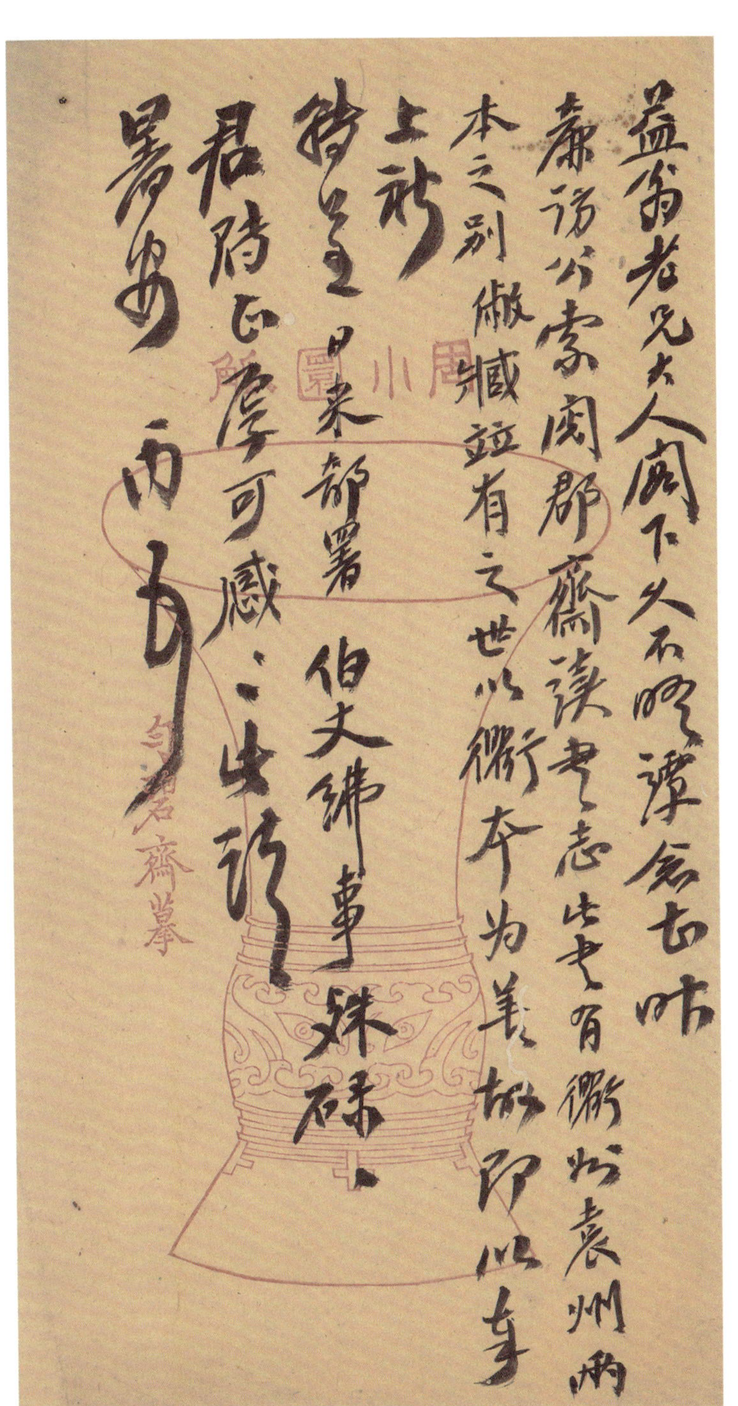

图11.21 丁丙致许增信札二十一

七、丁丙致性之信札

魏本存，字道门，号性之，浙江仁和（今杭州）人。魏锡曾子，官福建县丞，家学渊源，夙工楷法。时赵之谦在闽（咸丰十一年〔1861〕冬至同治元年〔1862〕夏），书法、刻印颇得其传。其父锡曾所著《绩语堂金石文字》由其摹写锓本，丝毫不爽，足承亲志。卒年四十。[1]

1 李国钧．中华书法篆刻大辞典 [M]. 长沙：湖南教育出版社，1990：992.

丁丙致性之信札

释文：

性之仁兄大人阁下：

前月廿一日有信寄尊公，想已达闽。接立夏前二日暨清和朔两书，得悉文祉吉祥，侍祺安娱为颂。尊公赴漳，须出月杪旋省。想迩来鹤已上台，水部驻省，未知新政如何？前屡催鹾道到任，不知已到否？令岳之事，无非宕局，然看到此间杨案，则可心平气和。翁集既到，甚慰，但不可过于拘泥，致延时日。应请几谏《蒋庙志》照寄样，缺页无几，但其前须编一目录，才能清楚，后跋亦不可少，请尊翁一拟，板成，速寄，以便刷分。惟内有元胡长儒、明徐一夔、国朝冯景三篇，名忽列于题下，与通体之式不合，拟各接书于文尾，"元""明"两字去之。又：胡长儒一篇内，胡先生曰拟改，却十分整齐，特此附闻。《蒋庙志跋》大略言：申托居神里过瞻庙碣。梁侍讲云：旧有侯行实一册，载咸淳封牒，明人碑记。心窃仪之，无自索阅也。咸丰辛酉，杭城再陷，焚杀之惨，为数百年载籍所未见。同治甲子克复，庐黔垣赭，巷无居人。独侯庙岿然，如鲁殿灵光。于是，里人稍一归聚。一日，魏子佳表丈手一编，将录副视之，即侯行实册也。询知，某日庙祝，夜梦字笼中，火光灼爚，将赤其殿，惊觉，诘旦检视，乃得是册。洵侯之威灵示现也欤？因谨录出，复增录旧志数则、胡徐诸先生记文，冠以《钦定大清会典》，授之梓人，以广为传云云。请大手增删后，即照刊，不必寄示商量也，此请台安。

丁丑五月抱甓居士手奏。

图12.1 丁丙致性之信札

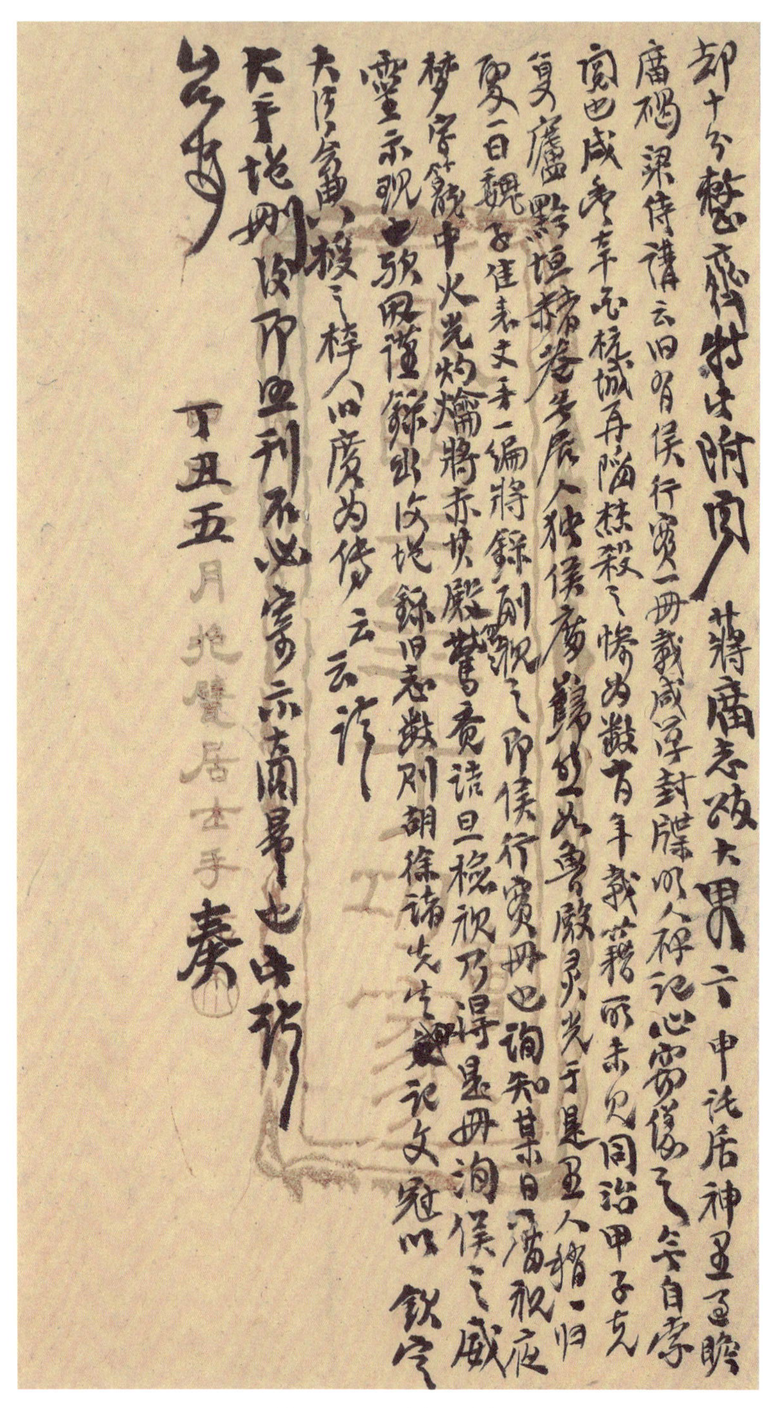

图12.1 丁丙致性之信札

八、无上款信札

无上款信札一

释文：

尊撰《续疑年录》，前以丁钝丁生没见询，一时无从检报。时丙方梓先生《砚林诗集》，拟辑附录，凡采诸先达有语及先生者十余条，中无只字及生没者，洵乎考据之难也。前偶阅汪上湖纪岁诗编《丙戌四月，丁敬身没逾年始知之，作哀词》一题，则先生之没当在上一年之乙酉，乃乾隆三十年也或曰没逾年若作越一岁解，恐没在甲申。但丙处尚有先生七十一岁乙酉作印两方，则断非甲申也，**复以先生所镌印跋，乾隆壬午，时年六十八岁。追溯先生之生，当在康熙乙亥，乃三十四年也，证以七十一岁适合。因据见闻，以答清问。仲英回杭一转，见过否？丙先后数奉书，未见赐答。想近日获熊，鲜暇耳。此颂刻安。**

丙顿首。

《疑年录》，钱大昕撰，清嘉庆十八年（1813）木版刻印。《续疑年录》，吴修撰，清嘉庆十八年（1813）木版刻印。《补疑年录》，钱椒撰，清光绪六年（1880）吴兴陆氏木版刻印。《三续疑年录》，陆心源撰，清光绪六年木版刻印。此后，张鸣珂撰《疑年赓录》，闵尔昌撰《五续疑年录》，张惟骧撰《疑年录汇编》，夏敬观撰《疑年录六续》等；前后两百多年，著录从三百多人到三千多人。[1]《疑年录》的编排，以所收人物的生年先后为序。每条中先列姓字、年龄及名字，后列生年的年号、干支，卒年的年号、干支，凡不能确知人物的生年或卒年者不列。凡所收人物生卒年有异说者，除列出撰者确定的年号之外，并在下面加以辨析考证，同时列出撰者所用材料的来源及出处。

在信札中，丁丙针对《续疑年录》的见询，“因据见闻，以答清问”。他讲到，自己在刊刻《砚林诗集》的过程中，有先达提到过丁敬的相关内容有十余条，但是没有只字片语讲到生殁，所以考据是挺难的。但是最近他读到

1　朱天曙．生于何年？卒于何年？［M］. 北京：社会科学文献出版社，2019.11：1.

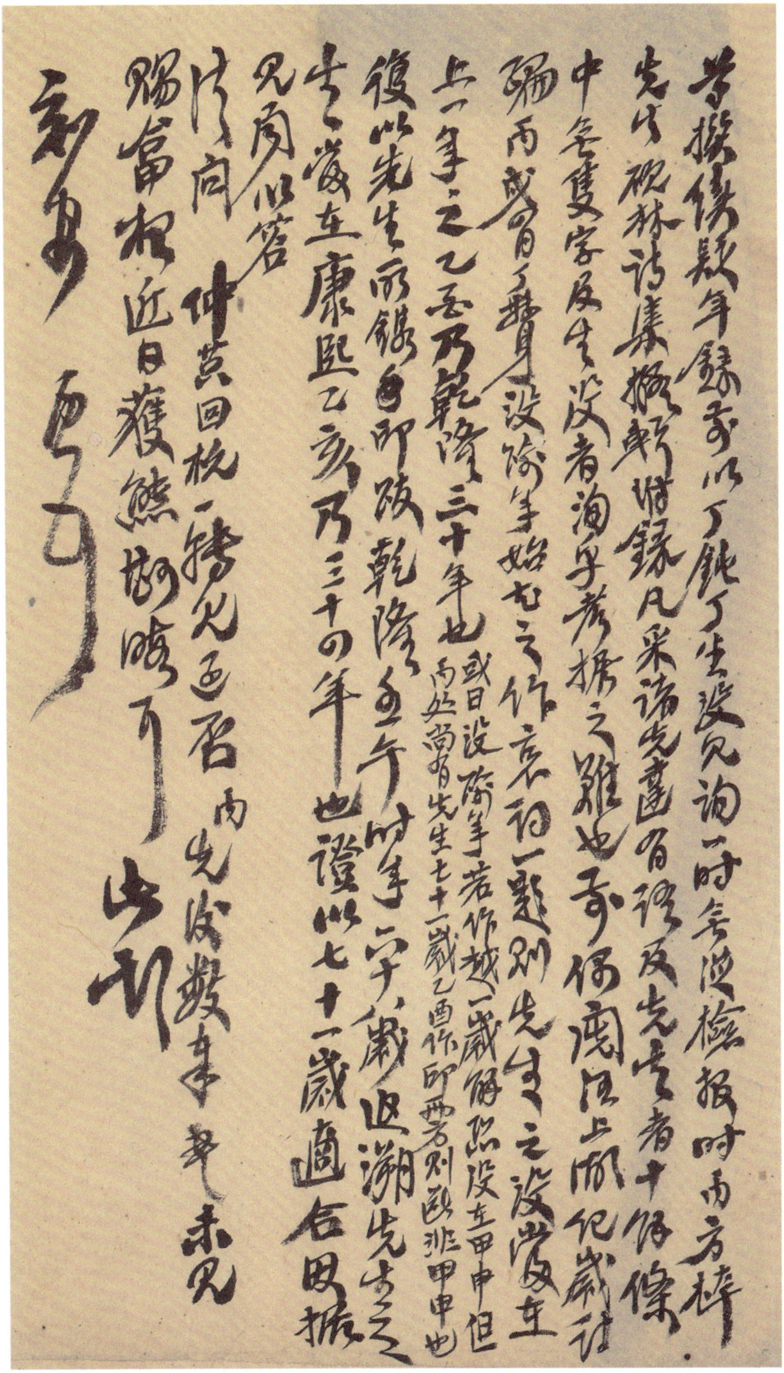

图13.1 无上款信札一

汪师韩《上湖纪岁诗编》中的《丙戌四月，丁敬身没逾年始知之，作哀词》一题，便有了丁敬卒年是乾隆三十年乙酉（1765）还是甲申（1764）的疑问。又通过自己收藏丁敬印章边款“七十一岁乙酉”，及其印跋“乾隆壬午（1762）六十八岁”两个证据，得出丁敬生年为康熙三十四年乙亥（1695），卒年为乾隆三十年乙酉（1765），时年71岁的考证结论。

陆心源精于校勘版本之学及金石文字，又熟于宋代文献，喜藏书，多藏宋、元刻本及金石书画。为文雅洁平实。著述凡九百四十余卷，合称《潜园总集》。[1]八千卷楼和皕宋楼同列清末四大藏书楼，丁丙与陆心源的书事交往频繁，在丁丙致琴西信札中便可窥一斑。

张鸣珂，号公束，浙江嘉兴人，咸丰拔贡生，官江西德兴知县。著有《寒松阁谈艺录》，其《寒松阁集》《说文佚字考》，李慈铭序之。浙江官书局首任总办是由杭州崇文书院山长薛时雨、紫阳书院山长孙衣言兼任，后因两人他去，由诂经精舍山长俞樾兼任。聘一时名宿任编校，首任总校高均儒、李慈铭、谭献、张景祁，主持经、史、子、集的校勘业务。首任分校有胡凤锦、陆元鼎、陈豪、张预、汪鸣皋、王麟书、张鸣珂、沈景修等，由丁丙任襄办。此外，本书《导读》中提及的沈锴《松存老人著书图卷》中，可见张鸣珂题跋。故陆心源与张鸣珂均有可能是此信札的上款。

但在陆心源的《三续疑年录》、张鸣珂的《疑年赓录》中，均未见丁敬之名。然钱椒的《补疑年录》吴兴陆心源刻本，卷四有丁敬条目，其下标注“源案道古堂集有传”。清人杭世骏，字大宗，号堇浦，道古堂为其室名，《道古堂文集》卷三三《隐君丁敬传》未见丁敬生卒年记载。故“源案”只是陆心源提示《道古堂文集》里有丁敬传记而已。则以此推测，此信多为丁丙为答疑所写。后续对于钱椒撰述丁敬生卒年的说法未做修订，很可能与丁丙信札中所述考证有关。

1 任访秋 . 中国近代文学大系散文集：散文集 2 1840–1919[M]. 上海：上海书店，1993：631.

石祥先生在《八千卷楼未刊题跋五则辑释》一文中，刊录了新发现的丁仁在浙江图书馆藏清嘉庆爱日轩刻本《砚林诗集》中的题跋“前年得老人《乡里糕歌为汪荻江作》，乃丙戌春正四日，已在乙酉次年，甚讶。阅此集，后五年庚寅尚有两诗，《过忠天庙冬日》，再有《豆腐三绝》（丁跋录二诗诗题时略有歧误），此后无矣。辛卯无诗，乃以是年为卒年也。卒乾隆三十六年辛卯，年七十七。辅之记。”[1]可得，丁辅之在获得新证据后，再次考定丁敬生于康熙三十四年（1695）乙亥，卒于乾隆三十六年（1771）辛卯，年77岁。

1　石祥．八千卷楼未刊题跋五则辑释 [J]. 南京师范大学文学院学报，2021（3）：144-148.

无上款信札二

释文：

《冬心杂著》刻手果然好，至袁叙既佳，何必再比前人之优绌。弟之刻遗诗，不过借叙以表意，非沾沾论文体也。即如五君次第及叙跋，原应兄大笔一手照办，后见泥的不了，又见留此妙墨，恭惟府尊，想断不能再有余力作此，故不得已托袁一做，袁则一挥而就，就后弟亦不细看，但素知其笔墨尚佳，故即行付刊耳。至与汪养云较迟速，兄不免误矣。《杭郡诗辑》有六十万字，较五布衣多七倍，不上一年了工，虽系翻雕不写样，一以精胜此不能不恭惟矣，《蒋庙志》墨丁累累，一以多胜，弟与汪之情与兄之谊相较应迟应速，孰胜孰逊，想自能辨之，若说穿，便不雅矣。苔印令孙玩弄，自大可嘉，即失去，弟亦不责。惟思“长相思”一印，失去之时，令孙尚未出世，究系何人所失？今看此苔花印石，明明该大使粗心糊涂遗失，转推在无知童子身上，欲为卸责。如此巧诈，非与大杖不足惩。此苍滑十二印瑞泰因小心谨慎，至今尚未寄到。《漳志》既有大序，望赐我一部。汪明府诗速望录下，因已在编排也。金先生诗，少勋来当检上。尊嫂病躯，侍奉乏人。佳妇一时难续，此是因缘前定，缘遇即成，惜弟不在闽，否则总能设法执柯也。此请大安。

弟丙顿首。六月廿五日。

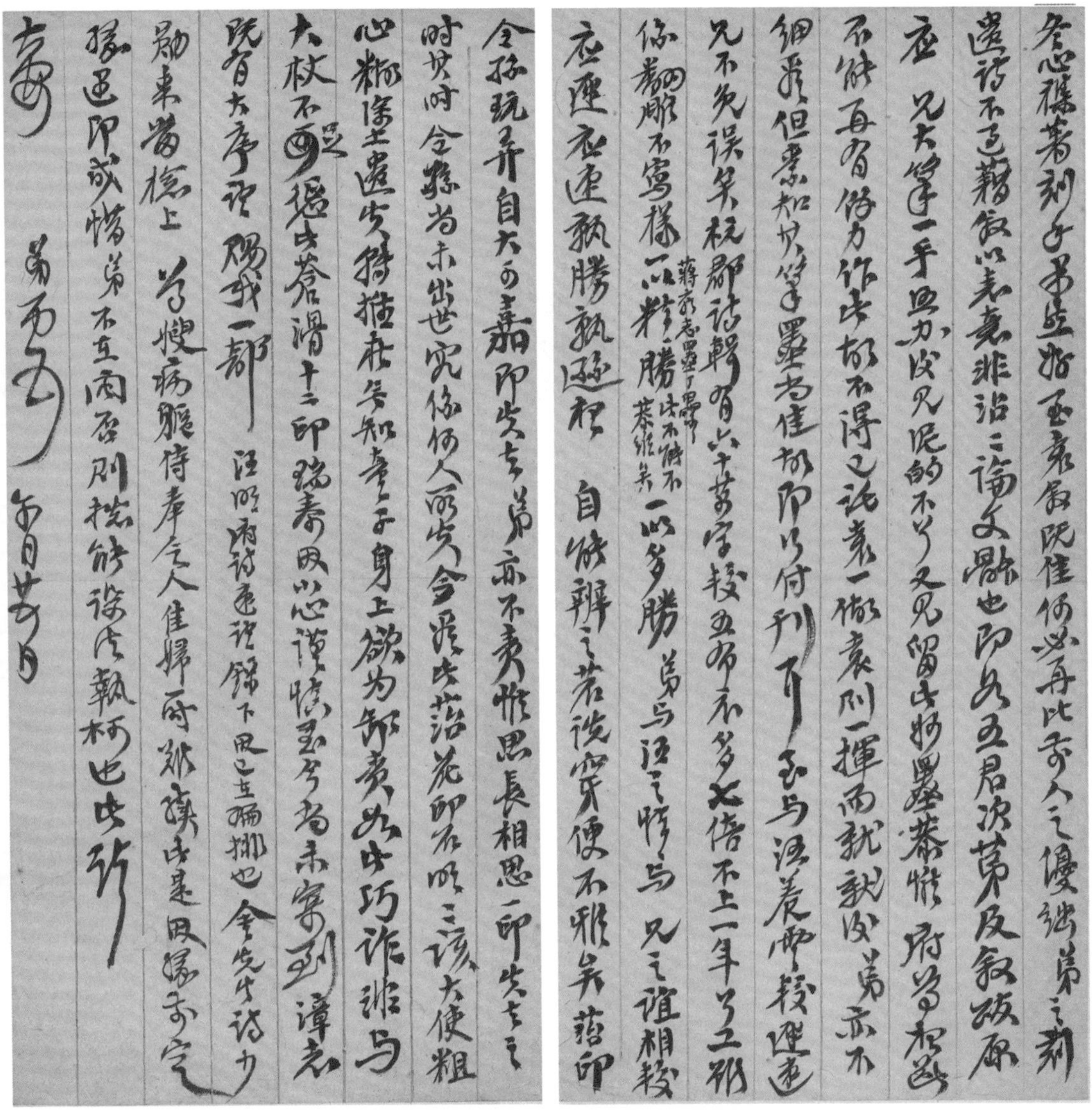

图13.2 无上款信札二

无上款信札三

释文：

冬心诗只叨光梅子一首，拟刻入补遗也，余不足道。骨董赝本，变幻百出，购物诚不易耳。大利益之举，愿闻其详，先知为快。前日所交折子，□出钱未出，且非详案，恐不老到，故拟由上交与府中照行最妙。地匪勾通，武弁即是三元楼松园等处勾当之事。文墨辈主唆讼事，及唤人踞□代索劫前无票旧欠，蛮人则纠众打降，遇新开店，间水之外，率众买便宜货数十文可买千百文之货。若辈恐力有不胜，于是，以绿营中吃钱粮之人作□，故胆愈大而势愈横。前数年，营勇乃外路人俱多，即使滋事，到是硬伤。今则营中所招之人全本地游手无赖，世情透熟，洞知底蕴，所害到比硬伤为尤甚也。总之，鬼蜮变幻，日出日奇，亦如骨董之以樊榭诗溷冬心画，惑人赚钱也，君既以官场话为无大趣，故以疾苦告之，或请如来作金刚怒目状。《意林》以《道藏》本付梓，固较他本为善，然既有宋本可借，总以借到一看方放心大胆也。刻书大不易，一刻就错，况在好发议论之地乎？肃此，布颂台安。

名心叩。廿二。

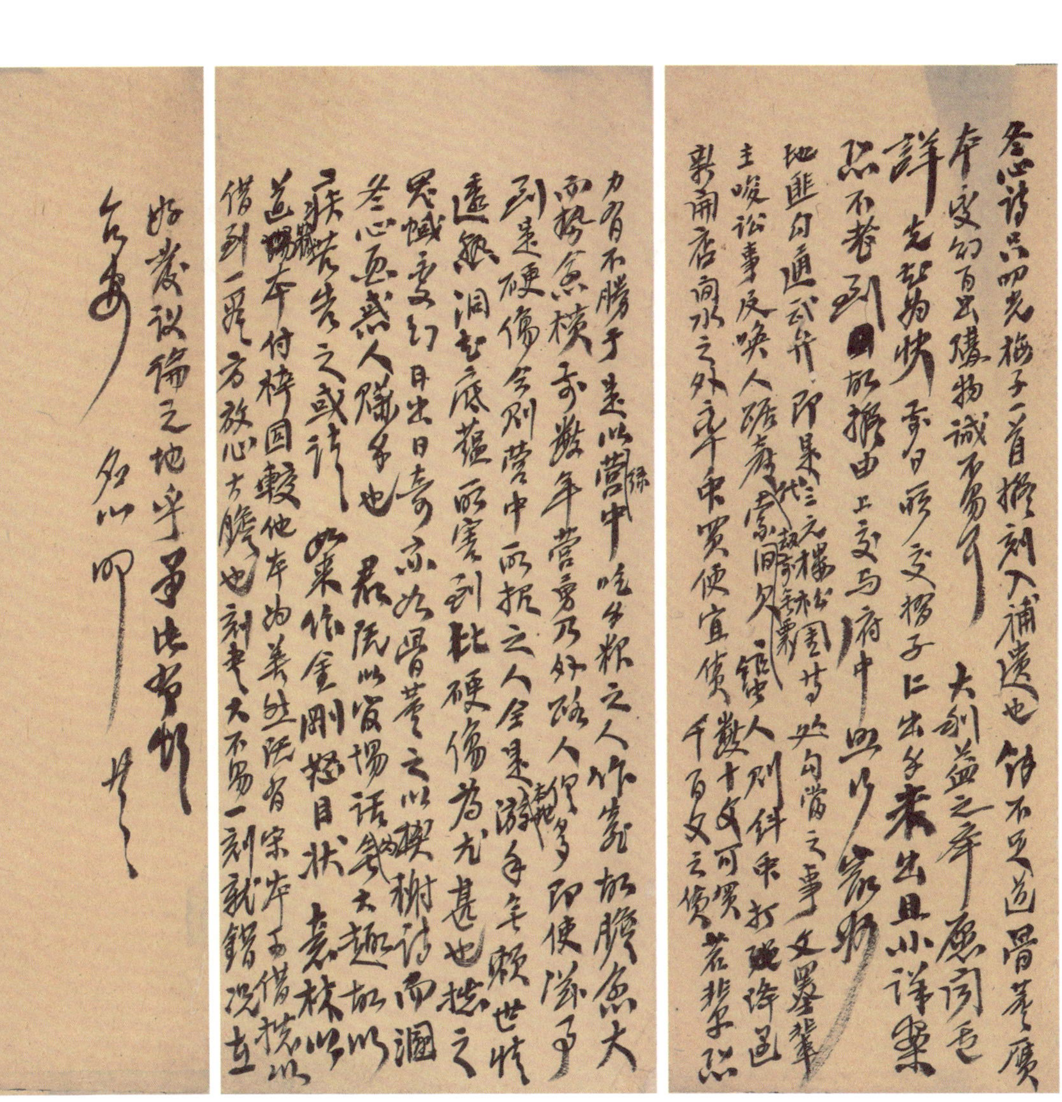

图13.3 无上款信札三

无上款信札四

释文：

奉示并大士象四十七轴、《意林》四册谨收悉。尚存尊处之裱象容查复。拙书劣极，薰沐虽愿，何敢涴墨，容另托可耳。本月初八能不移请更妙，缘炎热畏着衣冠，老淡新沾咸味，且近在咫尺又不好不来，然在事者苦矣，能设法否？卓姓勉善一节，迄未赐复，还祈确查示之。承信存之件，当为留意。缘兄正用极多，非谋储备，断断不可。鄙人看此恰不浓，然不能破此关头，兄既渐入此境，敢不仰成兄志。此颂痊安。

丙顿首。

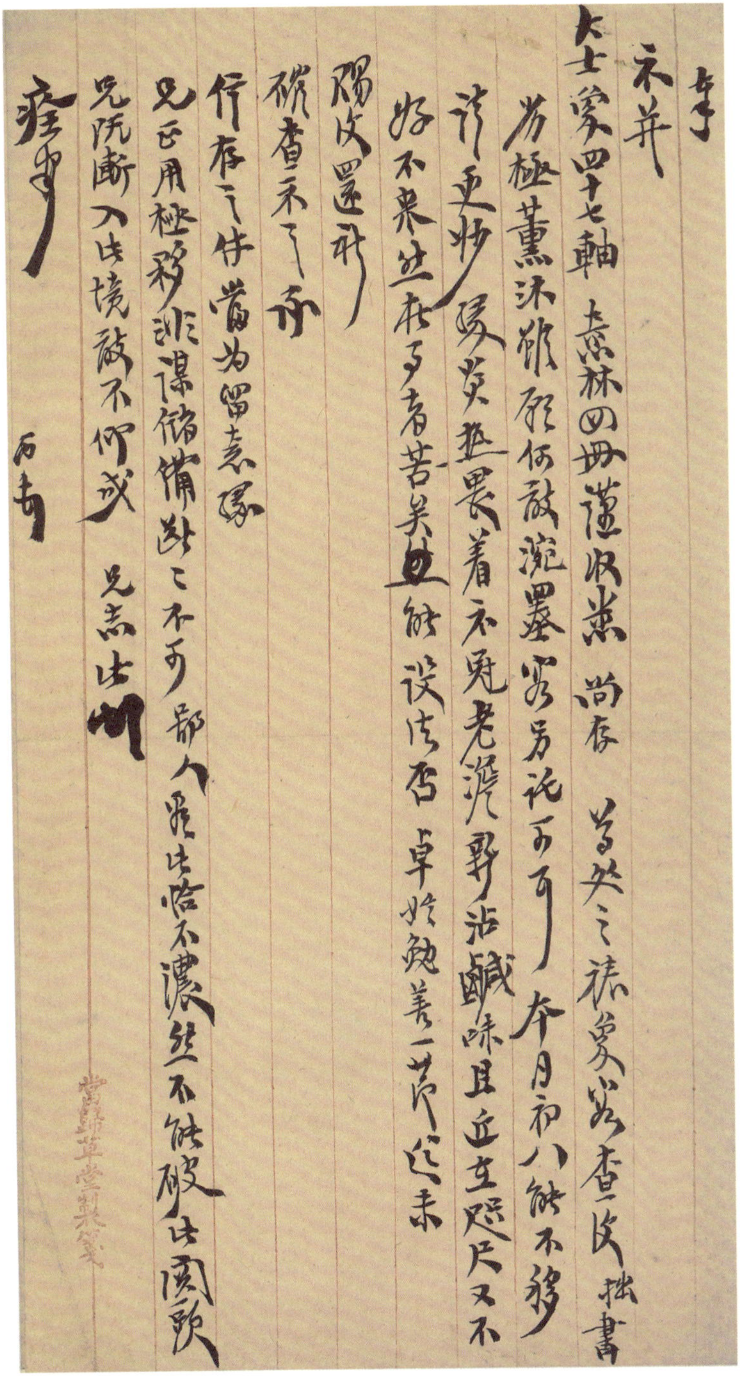

图13.4 无上款信札四

无上款信札五

释文：

《宋史》《志林》共四册收到。金少兰今日来舍云，携有书画铜器，约迟日往观《山谷集》，虽为元黑口本，既缺别集二卷，且印手不精，不甚贵也。春来患痔，借以遣冗。藏印暇当拓奉。此复，即请刻安。

丙顿首。尊老爷。

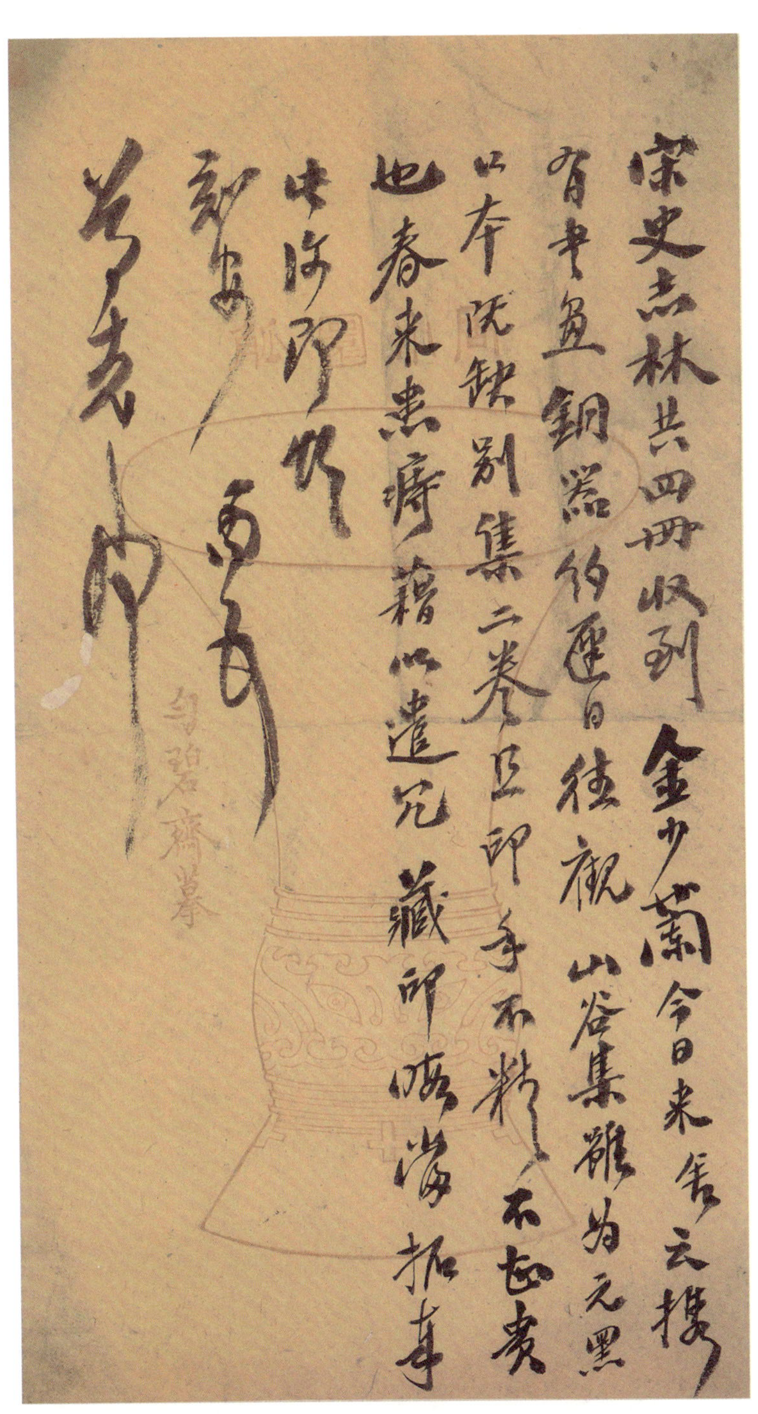

图13.5 无上款信札五

无上款信札六

释文：

昨误投书，致扰美睡。《左传纪事本末》为曹詹事所著，似乎家有其书，何豫章若大省分，若大书局，提调独缺此二卷耶？曾忆甲乙间在一处，听有自京都旋南之越人高谈阔论云，近有一种买书之人，无论经史子集，不分好歹，并无门径，一律收购。往往小游厂肆，见有数部，论价未谐，以谓万无人买，尽可徐待贬值。及至复往，书已杳然，颇觉其苦。曩时闻之，窃窃自笑。彼虽泛论，却句句道着贱子。今而思之，幸有此种痴呆，代为收置，备彼取携。论其自矜之态，不能出借。想到成就之心，自应照借，况为吾兄所属乎？抄资尽可无须，第须伊之书画相易四写四画，方足遏彼之矜而畅我之欲。费姓得费，因而先费我心。既费君口，现须再费君手，用一鲜红之纸请极红的幕府大老爷做抱呈，想这小小么魔，从此可以降伏矣，一笑一笑。

两浑。

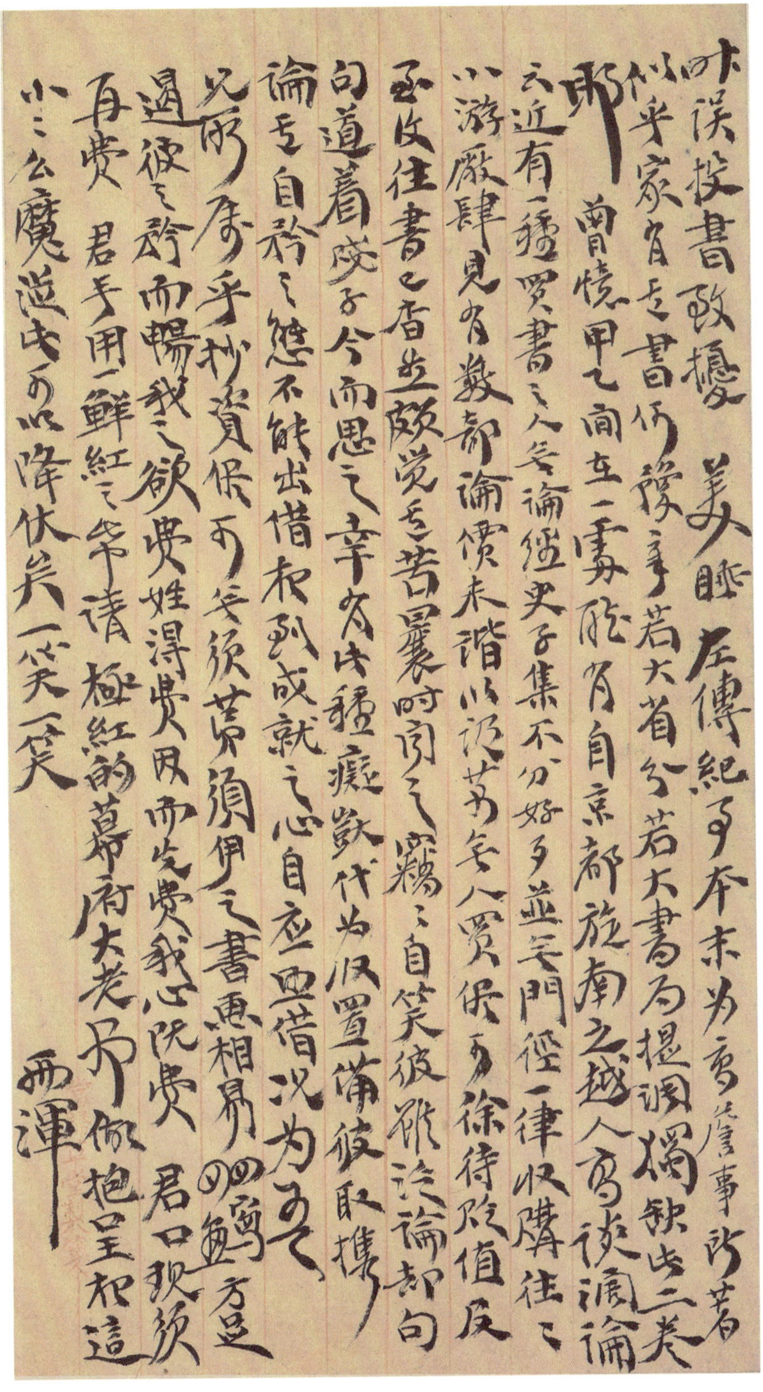

图13.6 无上款信札六

无上款信札七

释文：

傅豫斋太尊于光绪二年秋复至浙境时，嘉善城尚为贼踞。适陶庄初复，该处孙元匡、倪勖庵、金少梅诸衿士请留办团防。太尊昼夜巡警，不辞劳瘁，刁斗森严，各乡倚为长城。流离琐尾之民，纷纷来依者数千人。太尊为之觅栖止，济口食，或备船资送，咸获再生之庆。既而移驻斜塘，民益固结。德威所感，各镇贼目先后投诚。城贼益蹙，官军乘之，遂克嘉善。太尊亟收埋战骨，绥靖伏莽，招集流亡，垦荒复业，四野则桑麻蔚然，东门内外则市廛鳞列，民额手曰："真民父母！"复颂之曰"南山"，盖寓寿太尊之意云。

傅斯怿，字用之，一字豫斋，聊城县（今聊城市）人，顺治状元、武英殿大学士傅以渐七世孙。一生学行笃实，读书能识古人之意。为人端凝沉毅，有才识气度，遇事谋定坚不可易。咸丰二年（1852）举人，翌年联捷三甲第九十名进士。历署浙江瑞安、嘉善等县知县，兴利除弊，百废俱举。

太平军攻陷浙江，浙江巡抚命其办团练防阻义军，以收复枫泾、西塘有功，补嘉善县知县。嘉善与嘉兴、秀水为邻，由于区划变动，从明代起造成土地交混，进行重新丈量，嘉善实缺田二百三十九顷，经其力请，使多征银两得以豁免。同治六年（1867），丁母忧，在籍期间，适值捻军出入齐鲁间，其协办团防有功，留浙江候补知府用。在浙江办漕运七年，历保道员，加盐运使衔，督理海运事。从光绪九年（1883）起，历署湖州、杭州府知府，在杭州仅三月，以病卒。戚族有难，均倾其所有相助。子乐勰，内阁中书。早卒。[1]

此信札讲述的便是豫斋带领抗击太平天国军队，收复嘉善的事迹。

1 刘廷銮，孙家兰. 山东明清进士通览 [M]. 济南：山东文艺出版社，2015：392.

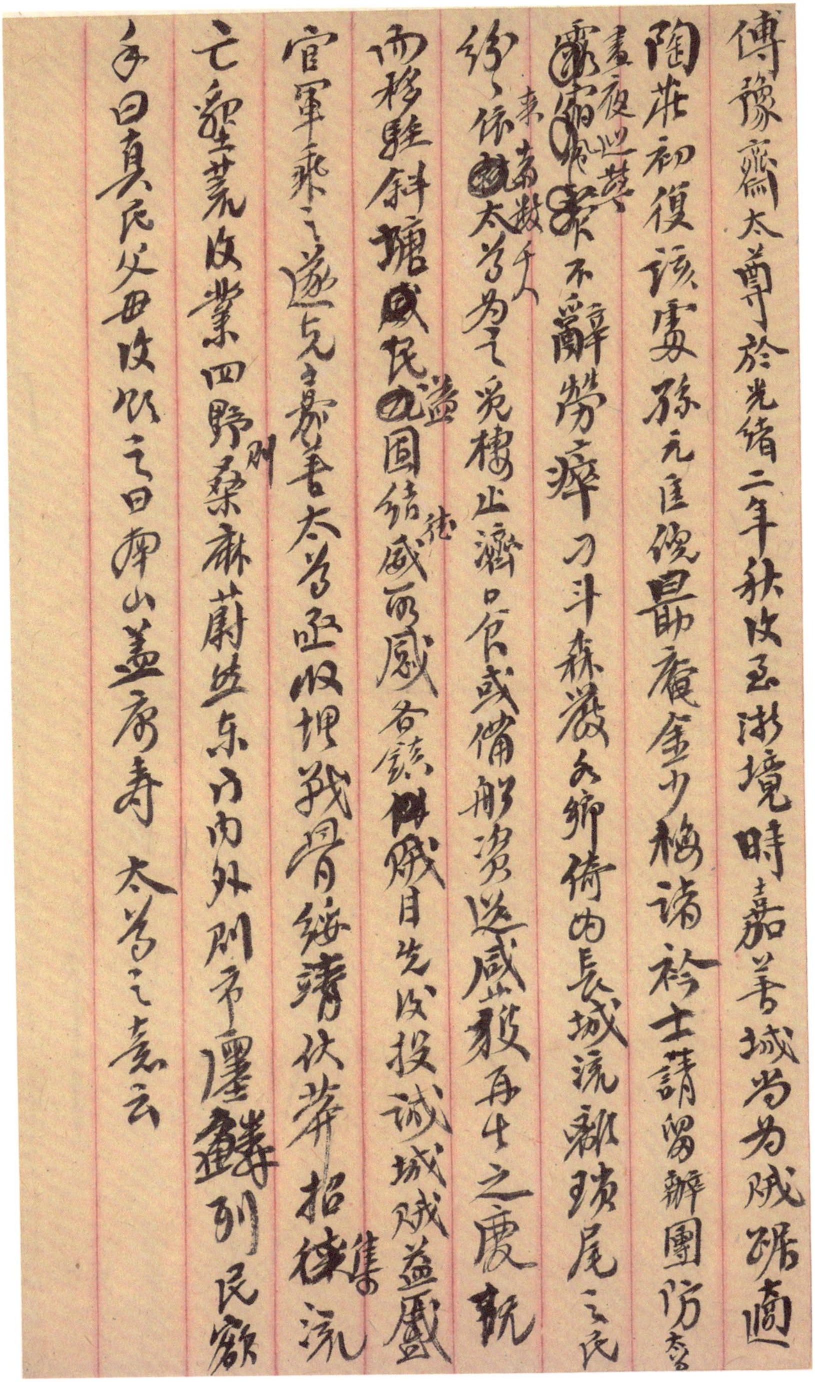

傅豫齋太尊於光緒二年秋攻玉澍境時嘉善城尚為賊踞適
陶莊初復該處孫元良嚴鼎彝金少梅諸衿士請留辦團防李
露宿風餐晝夜巡緝不辭勞瘁刀斗森嚴文卿倚為長城流離瑣尾之民
紛紛依戀來者數千人太尊為之覓樓止宿口食或備船資送歸故鄉再生之慶既
而移駐斜塘賊民兩途團結盛而賊衰賊目先後投誠城賊益蹙
官軍乘之遂克復嘉善太尊遂收埋殘骨經請依葬招集流
亡墾荒復業四野桑麻蔚然東門內外則有靈壽釐列民廬
乎曰真民父母也作之日壽山並康壽太尊之意云

图13.7 无上款信札七

参考文献

白桦.杭州晚清藏书楼“八千卷楼”寻踪[J].东方博物，2007（3）：81-85.

白君礼.抢救瑰宝 嘉惠后学：记丁丙对图书文化事业的贡献[J].图书与情报，2003（1）：56-58，74.

卞孝萱.丁氏八千卷楼兴废考：《丁氏家谱》资料的发掘利用[J].文献，2004（2）：263-273.

陈惠翔.浙江藏书楼遗事摭闻[J].杭州师范学院学报（社会科学版），1985，7（4）：79-82.

陈进，金平.杭州孔庙、府学及碑林[J].观察与思考，1999（7）：24-25.

陈乃乾.上海书林梦忆录：上[J].古今，1943（20/21）：24-26.

陈乃乾.上海书林梦忆录：中[J].古今，1943（27/28）：21-23.

陈乃乾.上海书林梦忆录：下[J].古今，1943（30）：14-17.

陈训慈.丁氏兴复文澜阁书纪[J].浙江省立图书馆月刊，1932（7/8）：49-65.

陈训慈.丁松生先生与浙江文献[J].浙江省立图书馆月刊，1932（7/8）：1-37.

陈瑶，钱建状.略论晚清目录学家丁丙的词学思想[J].古典文学知识，2007（2）：64-71.

岛田翰.皕宋楼藏书源流考[M].北京：九州出版社，2005.

丁丙，丁申.武林掌故丛编[M].刻本.1900（清光绪二十六年）.

丁丙.当归草堂丛书[M].清同治光绪刻本.

丁丙.武林往哲遗著[M].清光绪刻本.

丁丙.西泠词萃[M].清光绪刻本.

丁立中.先考松生府君年谱[M]//周膺，吴晶.杭州丁氏家族史料：第2卷.北京：当代中国出版社，2016.

丁申.武林藏书录[M].上海：古典文学出版社，1957.

杜正贤.杭州孔庙[M].杭州：西泠印社出版社，2009.
夫马进.中国善会善堂史研究[M].北京：商务印书馆；2005.
傅璇琮，谢灼华.中国藏书通史[M].宁波：宁波出版社，2001.
顾志兴.文澜阁《四库全书》的三次补抄[J].世纪，2010（4）.
顾志兴.浙江藏书史[M].杭州：杭州出版社，2006.
顾志兴.浙江出版史研究：元明清时期[M].杭州：浙江古籍出版社，1994.
郝君媛.《四库全书》之西学文献著录研究[D].兰州：兰州大学，2014.
郝秀荣，丁延峰.丁丙藏宋本《咸淳临安志》考略[J].新世纪图书馆，2006（4）：68–71.
何槐昌，郑丽军.一部具有特色的《四库全书》：文澜阁《四库全书》[J].图书馆工作与研究，2003（4）：30–31.
洪焕椿.浙江文献丛考[M].杭州：浙江人民出版社，1983.
洪丽亚.文澜阁归书图卷资料述略[J].东方博物，2005（2）：54–59.
洪有丰.清代藏书家考[J].图书馆学季刊，1926（1–4）：309–321.
黄爱平.《四库全书》与四库七阁的坎坷命运[J].传承，2010（6）：36–37.
黄鸿山.中国近代慈善事业研究：以晚清江南为中心[M].天津：天津古籍出版社，2011.
季玲.论晚清藏书楼[D].曲阜：曲阜师范大学，2011.
季嵚.丁氏著述表[J].浙江省立图书馆月刊，1932（7/8）：99–200.
江苏省立国学图书馆.八千卷藏书未归本馆书目[M].钞本.1951.
江苏省立国学图书馆.江苏省立国学图书馆现存书目[M].南京：江苏省立国学图书馆，1948.
李芳，刘瑛.文澜阁《四库全书》整理研究综述[J].图书馆工作与研究，2006（5）：81–82.
刘光裕.明清是中国古代出版的鼎盛时期[J].出版史料，2008（3）：117–125.
陆心源.皕宋楼藏书志 皕宋楼藏书续志[M].北京：中华书局，1990.
梅丛笑，梁晓艳，黎毓馨.越地范金[M].杭州：浙江古籍出版社，2009.
梅丛笑.文澜阁相关史实考证[J].东方博物，2007（4）：87–92.
孟宪钧.金冬心著作版本知见录之二[J].紫禁城，2009（10）：118–123.
孟宪钧.金冬心著作版本知见录之三[J].紫禁城，2009（11）：114–119.
孟宪钧.金冬心著作版本知见录之一[J].紫禁城，2009（9）：106–111.

缪荃孙.艺风藏书记[M]//清人书目题跋丛刊.影印清光绪刊本.北京：中华书局，1993.
缪荃孙.艺风藏书续记[M]//清人书目题跋丛刊.影印民国二年刊本.北京：中华书局，1993.
缪荃孙.艺风藏书再续记[M]//清人书目题跋丛刊.影印民国燕京大学图书馆刊本.北京：中华书局，1993.
缪荃孙.艺风堂文集[M]//续修四库全书.影印清光绪刻本.上海：上海古籍出版社，2003.
缪荃孙，董康，吴昌绶.嘉业堂藏书志[M].吴格，整理点校.上海：复旦大学出版社，1997.
慕骞.丁松生先生大事年表[J].浙江省立图书馆月刊，1932（7/8）：87-172.
潘衍桐.两浙輶轩续录[M].夏勇，熊湘，整理.杭州：浙江古籍出版社，2014.
裴成发.杭州刻书在出版史上的地位[J].晋图学刊，1987（1）：61-64.
祁高飞.铁花吟社及其文学创作[J].齐鲁学刊，2012（5）：130-133.
任继愈.中国藏书楼[M].沈阳：辽宁人民出版社，2001.
邵松坡.书库抱残生小传[J].浙江省立图书馆月刊，1932（7/8）：79-200.
沈新民.清丁丙及其善本书室藏书志研究[M].台北：汉美图书有限公司，1991.
石祥.杭州丁氏八千卷楼书事新考[D].上海：复旦大学，2006.
石祥.《八千卷楼书目》考[J].古籍整理研究学刊，2011（2）：90-93.
石祥.八千卷楼丁氏与铁琴铜剑楼瞿氏、皕宋楼陆氏交游考略[J].山东图书馆学刊，2011（4）：93-96.
漱石.丁松生先生文物展览参观印象记[J].浙江省立图书馆月刊，1932（7/8）：131-138.
孙延钊.孙衣言孙诒让父子年谱[M].徐和雍，周立人，整理.上海：上海社会科学院出版社，2003.
孙廷钊.[J].文澜学报，1935（1）：189-297.
谭献.谭献集[M].罗仲鼎，俞涴萍，点校.杭州：浙江古籍出版社，2012.
谭献.谭献日记[M].范旭仑，牟晓朋，整理.北京：中华书局，2013.
汤宪振.《四库全书》纂修对清代藏书的影响[D].长春：东北师范大学，2008.
童正伦.文澜阁与藏书[J].图书馆研究与工作，2006（2）：74-76.
万方.慈善之痛：国家权力下的清代民间慈善事业：记“杭州善举联合体”[J].书屋，

2007（1）：7.
王小兰.孙诒让致陈豪书札六通考释[J].文献，2014（6）：156–163.
文菁.丁松生先生题跋辑目[J].浙江省立图书馆月刊，1932（7/8）：115–200.
文图.丁丙及其八千卷楼[J].图书馆学刊，1994，16（1）：56–58.
翁福清.杭州乡邦文化的功臣：丁丙[J].东方博物，2005（1）：77–81.
吴晶，周膺.晚清慈善组织在城市社会治理中的先导作用：丁丙《乐善录》与杭州善举联合体研究[J].浙江学刊；2018（2）：10.
吴启寿.《武林坊巷志》及其编纂者[J].文献，1985（3）：161–166.
吴育良.文澜阁《四库全书》的补钞及价值[J].晋图学刊，2013（1）：75–79.
吴兆麟.铁花山馆诗稿[M]//《清代诗文集汇编》编纂委员会.清代诗文集汇编：625.上海：上海古籍出版社，2010.
徐吉军.清代浙江的学术与学风[J].浙江学刊，1989（1）：97，104–109.
徐吉军.清代浙江私家藏书概论[J].东南文化，1989（6）：203–208.
徐永明.文澜阁《四库全书》搬迁述略[J].中国典籍与文化，1999（4）：42–45.
杨立诚.金步瀛.中国藏书家考略[M].上海：上海古籍出版社，1987.
俞樾.丁君松生家传[J].浙江省立图书馆月刊，1932（7/8）：87–90.
俞樾.俞曲园先生日记残稿[M].苏州：江苏省立苏州图书馆，1940.
袁昶.渐西村人初集[M].上海：商务印书馆，1936.
袁昶.西泠五布衣遗著[M].刻本.1873（清同治十二年）.
袁同礼.清代私家藏书概略[J].图书馆学季刊，1926（1–4）：31–39.
允禄，等.皇朝礼器图式[M].牧东，点校.扬州：广陵书社，2004.
张鄞.丁氏钞补文澜阁四库全书阙简追纪[J].浙江省立图书馆月刊，1932（2）：20–22.
张廷银.晚清藏书家丁丙致袁昶手札[J].文献，2007（4）：133–144.
张崟.丁氏年谱续后记[J].浙江省立图书馆月刊，1932（7/8）：93–155.
张崟.丁松生先生诞生百周年纪念[J].浙江省立图书馆月刊，1932（7/8）：69–79.
长泽规矩也.中国版本目录学书籍解题[M].梅宪华，郭宝林，译.北京：书目文献出版社，1990.
赵冰心，裘樟松.文澜阁《四库全书》补钞本之价值[J].图书与情报，2000（1）：62–64.
赵尔巽，等.清史稿[M].北京：中华书局，1977.
赵天一.丁丙致陈豪手札释读[J].文献，2012（2）：107–115.

征存.丁氏藏书印记漫录[J].浙江省立图书馆月刊，1932（7/8）：117–119.

郑闯辉.晚清四大藏书楼藏书源流及影响研究[D].南京：南京大学，2011.

郑孝胥日记[M].劳祖德，整理.北京：中华书局，1993.

中央大学国学图书馆.国立中央大学国学图书馆小史[M].南京：国立中央大学图书馆，1928.

周膺，吴晶.晚清绅士的现代性文化书写与城市善治取向：杭州丁氏家族的公共文化建构与城市治理研究[J].杭州学刊；2018（4）：14.

周膺，吴晶.丁丙及杭州丁氏家族家世考述[J].浙江学刊，2013（5）：80–91.

周膺.杭商的文化学特征与杭州人文精神[M].杭州：浙江工商大学出版社，2010.

朱则杰.清代诗人结社丛考：以杭州地区为中心[J].浙江工商大学学报，2015（1）：5–12.

子越.丁氏刊书表[J].浙江省立图书馆月刊，1932（7/8）：101–200.

后记

2014年起，杭州博物馆成立了馆藏近代名人手札研究组，由时任藏品部主任的洪丽亚老师牵头，精选活跃于晚清至民国初与杭州密切相关，地区影响力较大的十位名人，对其手札进行整理。笔者有幸参与了此信札研究组，并分到了丁丙信札释读的工作，这便是我与这位190年前“老杭州人”——丁丙的初识。

开始参与信札的认字、句读时，我对丁丙外的人物、相关事件、历史背景尚未深入了解，有茫然无措之感。2016年我参加了杭州市全国第一次国有文物普查的全市文物认定工作，借此机会，在杭州孔庙看到了同治年间丁丙等人参与制作的文庙礼乐器中的两种——铜簋和铜簠。此器物圈足内铸有铭文，记录了参与礼乐器制作的人员名单，与上款为“蔚也仁兄”（钱炳奎）、“云庄先生”（戈为鹏）的信札中提及的人物、事件相符，和民国《杭州府志》的记载吻合。这次志书、信札和实物的三方印证，极大地激发了我对这批文献的研究兴趣。此后，我将内容较为相关的信札归类，尝试研究并撰写了文章。以初步研究为基础，申请获批了浙江省文物保护科技项目，此书便为项目的成果之一。

然而在有限时间内所搜集的材料肯定还是有遗漏的，有的人名、字号尚未考出，有的内容无从考证。这一方面是由于我在这些年投入的精力和时间还不够，另一方面是个人在研究方法和水平上还有局限所致。近些年来各类历史文献数字化的进程日新月异，对公众的开放度日渐广泛，可以相关联的资料肯定会愈来愈多；但课题成果体现有节点，研究有阶段性，期待自己日后在积累了更多材料和方法后，有进一步的成果体现。

从着笔到成稿近两年的时间里，感谢博物馆领导对于藏品研究保护的支持，感谢王英翔馆长百忙之中为本书作序。感谢前辈们的帮助和指导（按姓氏笔画排序）：吴晓力先生作为老馆长，一直敦促我要做出“过得硬”的学术成果；陈谊先生，在我畏难踟蹰时，给予鼓励，并指明研究方法与方向，让人眼前豁然开朗；另一位曾经的杭博掌门人金霄航先生，慷慨借阅了慕阿德绘制的杭州府学文庙方位图和礼乐图，以供参考；周刃先生为信札释读文字，校验把关；周膺先生作为现代国内丁丙研究的领先者，不吝赐教并作序；查永玲女士在文稿初成时，便为此书的排篇布局，提供建议。项目组成员温玉鹏、沈焱和骆佳慧，对课题涉及的文物和资料，因个人专长进行了相关的整理和探讨，也希望本课题的研究经历能让他们有所受益。

写作占用了大量工作以外的时间，父母和丈夫默默承担了家中事务，给予我莫大的支持；家中小友樵樵，也经常在入睡前给妈妈鼓励加油。他们是我最坚强的后盾，也是我努力的源泉。

徐颖

壬寅正月于寓中

《尺素寸心：丁丙书札中的十九世纪杭州》勘误表

页码	行	原文	更正
1（序一）	15—17	如《武林掌故丛编》《武林往哲遗著》《西泠五布衣遗著》《西泠词萃》《当归草堂丛书》《当归草堂医学丛书》等大型丛书。其中《武林掌故丛编》	如“武林掌故丛编”“武林往哲遗著”“西泠五布衣遗著”“西泠词萃”“当归草堂丛书”“当归草堂医学丛书”等大型丛书。其中“武林掌故丛编”
1	倒 3	《当归草堂丛书》	“当归草堂丛书”
3	13	从他们的注解中	从它们的注解中
5	倒 1	著名学者的高均儒	著名学者高均儒
12	7	在同治光绪年间	在同治、光绪年间
15	4	10 多家藏书楼，30 余人	10 多家藏书楼、30 余人
17	10	《当归草堂丛书》	“当归草堂丛书”
17	11	《西泠五布衣遗著》	“西泠五布衣遗著”
17	14	《武林掌故丛编》	“武林掌故丛编”
22	15—16	杭州乡邦文化的功臣—丁丙	杭州乡邦文化的功臣——丁丙
27	6	百废特举	百废待举
27	9	葛为鹏	戈为鹏
27	9	有文化底蕴，热爱乡邦的士绅	有文化底蕴、热爱乡邦的士绅
28	13	关于杭州府学及礼乐如此丰富的资料，并非一蹴而就，而是多年有意识地搜罗，积累了大量材料。	杭州府学及礼乐如此丰富的资料，并非一蹴而就，而是多年有意识地搜罗，才积累而得的。
33	7—8	同治九年（1870）的杭州府学制作礼乐器即为苏州的义古斋。	同治九年（1870）为杭州府学制作礼乐器的即为苏州的义古斋。
38	7	信中(图 8.1 丁丙致琴西信札）	信（图 8.1 丁丙致琴西信札）中
38	14	信中(图 7.4 丁丙致叔迟信札）	信（图 7.4 丁丙致叔迟信札）中

页码	行	原文	更正
38	14	信中（图 7.4 丁丙致叔迟信札）	信（图 7.4 丁丙致叔迟信札）中
40	18	然与饮马井绝不相涉	然于饮马井绝不相涉
42	16	于戏	於戏
43	12-13	两浙輶轩续录	两浙𬨎轩续录
44	倒 6	严铁桥所著一段由雪兄抄奉	严铁桥所著一段，由雪兄抄奉
49	16	出生于	出身于
58	倒 1	横 13.1，纵 23.7	横 13.1cm，纵 23.7cm
62	倒 4—3	《当归草堂丛书》《当归草堂医学丛书初编》《西泠五布衣遗书》《武林掌故丛编》《武林往哲遗著》	“当归草堂丛书”“当归草堂医学丛书初编”“西泠五布衣遗著”“武林掌故丛编”“武林往哲遗著”
78	倒 6	十一月	十一月初八
87	倒 2	《西泠五布衣遗著》	“西泠五布衣遗著”
127	倒 7	《西泠词萃》	“西泠词萃”
127	倒 7	《武林掌故丛书》	“武林掌故丛编”
127	倒 6	《武林掌故丛编》	“武林掌故丛编”
127	倒 4	《丛编》	“武林掌故丛编”
127	倒 4	《榆园丛刻》	“榆园丛刻”
127	倒 4—3	《武林掌故丛编》	“武林掌故丛编”
196	12	輶	𬨎
197	197	杨立诚 . 金步瀛	杨立诚，金步瀛
198	7	杭州学刊；2018	杭州学刊，2018
199	6	190 年前“老杭州人”	190 年前的“老杭州人”